T0098936

QU'EST-CE QU'UNE RÈGLE ?

COMITÉ ÉDITORIAL

Christian BERNER

Stéphane CHAUVIER

Paul CLAVIER

Roger POUIVET

*La liste des ouvrages publiés dans la même collection
se trouve en fin de volume*

CHEMINS PHILOSOPHIQUES

Collection dirigée par Roger POUIVET

Jean-Pierre COMETTI

QU'EST-CE QU'UNE RÈGLE ?

Paris

LIBRAIRIE PHILOSOPHIQUE J. VRIN

6, place de la Sorbonne, V^e

2011

R. BRANDOM, *Making it Explicit*, « Wittgenstein's Regress Argument », p. 20-21
© Cambridge (Mass.), Harvard UP, 1994

L. WITTGENSTEIN, *Recherches philosophiques*, trad. fr. E. Rigal (dir.), § 198-202, p. 125-127
© Paris, Gallimard, 2004

En application du Code de la Propriété Intellectuelle et notamment de ses articles L. 122-4, L. 122-5 et L. 335-2, toute représentation ou reproduction intégrale ou partielle faite sans le consentement de l'auteur ou de ses ayants droit ou ayants cause est illicite. Une telle représentation ou reproduction constituerait un délit de contrefaçon, puni de deux ans d'emprisonnement et de 150 000 euros d'amende.

Ne sont autorisées que les copies ou reproductions strictement réservées à l'usage privé du copiste et non destinées à une utilisation collective, ainsi que les analyses et courtes citations, sous réserve que soient indiqués clairement le nom de l'auteur et la source.

© *Librairie Philosophique J. VRIN*, 2011

Imprimé en France

ISSN 1762-7184

ISBN 978-2-7116-2340-2

www.vrin.fr

QU'EST-CE QU'UNE RÈGLE ?

*Les règles ne s'appliquent pas d'elles-mêmes, elles ne déterminent
la correction d'une action que dans le contexte de pratiques
consistant à distinguer les applications correctes
des applications incorrectes de la règle [1].*

LE CHAMP DE LA RÈGLE

La recherche du vrai, dans notre imagination, épouse
volontiers la métaphore d'un chemin parsemé d'embûches,
exigeant de qui veut s'y aventurer un minimum de précautions. Il n'en va pas différemment de la conduite, sauf à
s'exposer à toutes sortes d'égarements, et plus généralement de tout processus orienté vers une fin voulue ou désirée
comme telle. À cela tient l'importance accordée à la notion de
règle pour toutes les actions humaines : un principe d'action
réfléchie, ordonnée et soustraite au hasard, méthodique,

---

1. R. Brandom, *Making It Explicit. Reasoning, Representing, and
Discusive Commitment*, Cambridge, Harvard UP, 1994 (dorénavant cité
Making It Explicit), p. 20.

conforme à nos attentes ou à nos valeurs. Il existe toutes sortes de règles, et elles répondent à diverses fonctions, mais on ne concevrait que difficilement un seul domaine, une seule forme de vie humaine, une personne ou un groupe de personnes, qui leur serait intégralement soustrait. La vieille image d'êtres « sans foi ni loi », appliquée à l'homme sauvage, n'est qu'une fiction, tout comme celle de Robinson Crusoë ou d'une liberté qui consisterait à ne s'en donner aucune.

Les règles se partagent, et c'est lorsqu'elles cessent de l'être ou qu'elles s'identifient exagérément à des fins divergentes ou conflictuelles que deviennent évidentes leur importance et leur nature, comme le suggèrent les déséquilibres liés à ce qu'on s'est mis à appeler la « dérégulation » (*horribile dictu*), mot étonnamment proche de « strangulation ». À l'effigie de la règle répond toujours le spectre de l'*anomie*, que Durkheim assimilait très classiquement au déchaînement des passions[1].

Cette problématique nous est familière ; elle court des *Dialogues* de Platon aux grandes frayeurs d'aujourd'hui, celles qui confinent au délire sécuritaire et s'inclinent paradoxalement, par impuissance ou incompréhension, devant les catastrophes économiques et écologiques à venir. Le choix n'est pourtant pas entre l'omniprésence ou l'omnipotence des règles et une totale absence de règle, comme on le croit trop aisément. S'il n'existe pas de situation ou de condition, pas de

---

1. É. Durkheim, *De la division du travail social* (1893) et *Le suicide* (1897). Dans ce dernier ouvrage, Durkheim associe l'anomie aux situations de crises, en soulignant le fait que : « l'anomie est actuellement à l'état chronique dans le monde économique » (chap. V).

pratique ni d'action sociales qui n'enveloppent ou ne fassent appel à des règles, elles n'agissent pas de concert, et encore moins à la manière de *causes*. À quoi il faut ajouter que le même mot se dit en plusieurs sens qui tendent exagérément à se confondre.

Ce que nous constatons, c'est que là où des hommes sont engagés dans des situations et des processus qui méritent d'être appelés sociaux, en ce qu'ils déterminent des conditions et des formes d'interaction et de coopération qui excèdent ce qu'on pourrait rapporter aux seuls individus, nous rencontrons en effet des règles, des normes, présentes ou en gestation, des régularités qui sont l'expression de ces interactions mêmes, autant que des formes de solidarité qui s'y nouent. Quelle en est la signification ? Ces mots désignent-ils la même chose ? Quel rapport normes et règles entretiennent-elles avec telle ou telle condition sociale donnée ? Il faut ici, avant d'aller plus loin, apporter le minimum de précision que réclame notre seul vocabulaire.

Hans Kelsen, dans sa *Théorie des normes*, désigne sous ce terme « un commandement, un ordre, une prescription », non sans ajouter que « commander n'est cependant pas l'unique fonction d'une norme ; habiliter, permettre, abroger, sont aussi des fonctions de la norme » [1]. Kelsen, en mettant le concept de norme au cœur de la théorie du droit, en évinçait des notions moins générales à ses yeux, comme celui de règle, précisément, ou de loi, mais sous d'autres rapports ces deux notions passent aisément pour synonymes. Nous appelons ordinairement règle un principe ou un énoncé dont la particularité est

1. H. Kelsen, *Théorie générale des normes*, Paris, PUF, 1996, chap. 1.

d'indiquer ce qu'il *faut* faire, dans telle ou telle situation, à propos de tel ou tel type d'objet, et au regard de telle ou telle fin, soit pour atteindre le résultat qu'on s'est fixé, soit pour ne point déroger à ce qu'on attend de nous ou satisfaire à des valeurs partagées. Ce qui apparaît comme une obligation, où l'on retrouve la dimension prescriptive de la norme, peut ainsi prendre une signification technique ou morale, selon que la règle porte sur des *moyens* à mettre en œuvre, des *procédures* à appliquer, par rapport à une fin donnée, ou sur une fin commandée comme telle. La distinction que Kant établissait à ce sujet illustre bien ce double aspect, ou plutôt cette double vocation : les impératifs *hypothétiques* sont des impératifs (des règles) techniques, de nature instrumentale ; l'impératif *catégorique* est inconditionnel, et c'est en quoi il possède une valeur morale selon Kant[1]. Dans les deux cas, toutefois, une exigence de *correction* est présente. La règle demande à être appliquée et pour toute action qui dépend d'une règle ou qui en implique une, la question se pose de savoir si elle a été correctement appliquée. L'idée de norme, au sens prescriptif ou comme « modèle », y est présente, même si sa signification ne s'y épuise pas.

Ce trait permet d'en apercevoir plusieurs autres. Appliquer une règle répond à une intention qui mobilise une volonté. Si j'additionne deux chiffres, 8 et 12, par exemple, ce que je vise consiste à en obtenir la somme. La règle que je mobilise dans ce cas, et qui peut consister à réitérer + 1, à partir de 8, jusqu'à concurrence de 12, en comptant sur mes doigts, doit valoir pour moi *et* pour quiconque voudrait additionner deux

---

1. E. Kant, *Fondements de la métaphysique des mœurs*, trad. fr. V. Delbos, Paris, Vrin, 2008, 2ᵉ section, § 11-21, p. 113-120.

chiffres, y compris ces deux-là. Mais le résultat, la somme que je vise ainsi à obtenir, n'a de valeur que si cette valeur est partagée par d'autres, ce qui implique que n'importe quel résultat ne vaut pas, et qu'il doit être possible d'apprécier publiquement la correction de mon application des règles sur la base d'une connaissance et d'une reconnaissance préalables de celles-ci. Cet exemple, aussi élémentaire soit-il, met en relief quelques aspects de la règle qui pourraient s'illustrer pareillement dans une multitude de cas, à propos d'autres actions, d'autres objets et dans d'autres domaines. Mais cela ne nous autorise pas à penser que nous avons ainsi saisi, fût-ce de manière élémentaire, quelque chose qui concernerait l'*essence* de la règle. Un tel exemple suggère surtout que nous sommes à même, dans bien des choses que nous entreprenons, de faire appel à ce que nous avons appris, qu'une bonne partie de ces apprentissages consiste à mettre des règles à notre disposition, lesquelles s'imposent dans des situations diverses et variées, tantôt en raison des ressources qu'elles nous offrent, tantôt sur un mode plus coercitif, selon la nature des choix qu'elles mettent en jeu.

En cela, les règles s'accordent variablement avec le libre-arbitre. Si je veux calculer le montant de mes revenus de l'année, de manière significative, c'est-à-dire de manière à ce que cela me fournisse des éléments d'appréciation et de décision par rapport à la situation économique, au niveau des prix, etc., il vaut mieux que je ne me trompe pas dans l'application des règles de l'addition ou que la fantaisie ne me prenne pas d'appliquer une règle inventée pour la circonstance et qui, comme dans l'exemple de Kripke, limiterait l'application de la fonction + 1 au nombre 57[1]. À côté de cela, toutefois, rien ne m'y oblige : l'observance de la règle reste conditionnelle ; elle correspond à peu près à ce que Kant rangeait dans la catégorie des « impératifs hypothétiques ». En revanche, je n'ai pas la faculté de me soustraire à ce genre de calcul lorsque le moment est venu, chaque année, d'établir ma déclaration de revenus. Mes additions sont alors subordonnées à un autre impératif, qui n'est pas tout à fait de même nature, bien qu'il ne soit qu'en apparence « catégorique », car l'obligation où je me trouve de m'y conformer est liée à d'autres conditions qui exigent la correction de ma déclaration.

Comme ce dernier exemple permet de l'entrevoir, si la règle et l'application de la règle sont toujours facultatives, il existe, entre les règles, des rapports de subordination ou de dépendance qui nous laissent eux-mêmes apercevoir ce qu'elles doivent à un contexte social, économique, politique, etc. Les règles qui nous sont familières, autant que celles qui ne le sont pas ou le sont moins – toutes celles que j'ignore, tout en leur étant néanmoins soumis – entrent dans des rapports qui épousent à peu de choses près le champ du social et l'espace de liberté que cet entrelacement autorise ou rend possible. Il existe toutes sortes de règles, et cette pluralité ne se dissout pas dans une essence commune, mais elles n'en entretiennent pas moins des rapports qui les font entrer dans différentes formes de dépendance et dessinent un horizon à la fois contrasté et hiérarchisé.

---

1. S. Kripke, *Règles et langage privé. Introduction au paradoxe de Wittgenstein*, Paris, Seuil, 1996. Kripke invente une opération à laquelle il donne le nom de « quaddition », et aux termes de laquelle : $x \oplus y = x + y$, si x, $y < 57$ ou $= 5$ autrement (p. 19).

Il en résulte plusieurs conséquences qu'il convient dès à présent d'indiquer, car elles touchent à la fois aux ambiguïtés de notre vocabulaire, à la nature parfois hybride des règles et à la place qu'elles tiennent dans notre vie individuelle et sociale. Sans préjuger de l'existence de normes générales, voire universelles, qui seraient celles du droit, du discours ou de la connaissance, observons que les énoncés prescriptifs que nous appelons des normes ou des règles n'épuisent pas l'usage de ces mots, ni dans le langage commun, ni dans les différents langages techniques où ils ont cours. Les mœurs ou les habitudes, sitôt qu'elles présentent le caractère de la régularité, en offrent différents exemples, dans lesquels nous reconnaissons, par exemple, un usage familier du mot « normal ». De ce point de vue, les règles ou les normes que nous reconnaissons dans des comportements ou des manières de faire s'apparentent à des faits qui, au bénéfice de l'habitude, tendent à en occulter le caractère prescriptif. D'un autre côté, toutefois, la prise en compte de cette dimension des normes et des règles, est de nature à mieux faire apparaître leur présence dans des « faits » où on ne les attendait pas. Il n'y a peut-être pas de frontière si nette entre cette double dimension sur laquelle certains auteurs ont légitimement insisté : *de facto* et *de jure*, ni, plus généralement, entre ce que nous distinguons au titre des faits d'un côté et des normes de l'autre.

LES RÉQUISITS DE LA NOTION DE RÈGLE

C'est un caractère élémentaire des croyances comme des actions, parce qu'elles prennent leur sens dans un contexte public, que de jouer un rôle régulateur, lié aux évaluations qu'elles autorisent ou aux fins qui leur sont associées, et par conséquent de se conjuguer à des règles de manière *implicite* ou *explicite*, *potentielle* ou *actuelle*. L'idée pragmatiste qui voit dans les croyances des « habitudes d'action » s'accorde tout à fait avec cette hypothèse, à la différence des conceptions qui y voient des « représentations »[1]. Les habitudes, bien qu'elles semblent s'inscrire dans un ordre empirique des choses, et en appellent apparemment à des descriptions qui relèvent de la seule observation, enveloppent une dimension normative s'établissant par comparaison avec ce qui « *se* fait » ou « ne *se* fait pas »[2]. Et sans doute en va-t-il de même, sur le plan de l'action, des modèles de comportement en apparence les plus mécaniques ou aveugles.

De telles constatations, si elles sont légitimes, rendent néanmoins inévitables un certain nombre d'interrogations, dont certaines sont susceptibles d'obscurcir le concept de règle. Par exemple, celle qui consisterait à se demander si la présence d'une règle s'éprouve à la capacité d'être *énoncée* ou si notre concept de règle doit s'étendre jusqu'à lui associer un statut éventuellement *inconscient*. Cette dernière idée est

---

1. *Cf.* C.S. Peirce, « Comment rendre nos idées claires » et « Comment se fixe la croyance », dans *Œuvres* I, *Pragmatisme et pragmaticisme*, Paris, Le Cerf, 2002, p. 215-238.

2. C'est un trait évident de l'habitude que de fonctionner comme une loi, à ceci près qu'il ne s'agit pas d'une loi et qu'elle prend cependant force de loi. Elle y puise sa dimension « normative » en ce qu'elle a pour contrepartie une appréciation généralement négative de tout écart. Cette appréciation devrait-elle se révéler positive que cela ne changerait rien à l'affaire, puisqu'elle en serait encore le point d'appui. Les habitudes « passives », pour reprendre une distinction établie par Maine de Biran, peuvent dans des contextes donnés, se transformer aisément en attitudes « actives ».

assez étroitement liée – sans parler de la psychanalyse – à ce que la sociologie ou l'anthropologie ont assez souvent supposé ou affirmé. Lévi-Strauss a fréquemment souligné l'importance de ce statut inconscient des règles en linguistique et, sur ce modèle, en anthropologie[1]. Sans entrer dans une discussion à ce sujet, il est du moins permis d'admettre que le fait d'être énoncée n'est pas la condition sous laquelle nous sommes autorisés à parler de règle. Le simple cas des savoir-faire montre assez, s'il en était besoin, que le champ des règles s'étend bien au-delà de ce qui est exprimé. Le critère qui permet de savoir dans quel cas nous avons affaire à une règle, et dans quel autre cas nous n'avons affaire à rien de tel, est plutôt soit la présence d'une obligation ressentie comme telle, soit encore, comme Peter Winch l'a justement souligné, la distinction qu'on est en mesure ou non d'établir entre une manière correcte et une manière incorrecte de faire ce que l'on fait[2].

Apparemment, une telle distinction est de nature à s'appliquer à tout ce qui mérite à nos yeux le nom de règle, y compris précisément à ces règles que postulent les approches de type structural en sociologie ou en anthropologie, comme en linguistique. Mais on peut aussi avoir de bonnes raisons de penser que la capacité d'y accéder par la réflexion en est aussi un critère, ce qui constitue l'un des points de discorde, dans les

---

1. C. Lévi-Strauss, *Anthropologie structurale*, Paris, Plon, 1958, «Langage et parenté», p. 40-41, notamment, où Lévi-Strauss établit un parallèle entre la phonologie de Troubetzkoy et les perspectives qu'elle ouvre selon lui aux sciences sociales.

2. P. Winch, *L'idée d'une science sociale et sa relation à la philosophie*, Paris, Gallimard, 2009, p. 122. Voir aussi p. 77, où Winch cite Durkheim, à propos de la place que celui-ci accorde aux «causes qui échappent à la conscience» en sociologie.

sciences sociales, entre les conceptions qui privilégient les
structures et leur subordonnent les comportements, les actes et
les croyances, et celles qui se montrent plus attentives aux
processus d'interaction qui semblent en être constitutifs[1].
L'une des limites au-delà de laquelle parler de règle cesse
d'avoir un sens est peut-être bien celle qui voit s'évanouir la
distinction entre une *règle* et une *loi*, c'est-à-dire celle qui nous
fait basculer dans un ordre *causal*. Une règle n'est pas et ne
peut pas être une cause, pour cette simple raison que dans
l'ordre des causes, il est dépourvu de sens de parler d'une
application correcte et d'une application incorrecte de ce
qu'une cause *entraîne*.

Il reste seulement – et ce n'est pas l'une des moindres
distinctions qui s'impose à l'attention – qu'une règle peut
recevoir un statut implicite ou explicite, selon qu'elle est ou
non explicitée dans un énoncé. Toutes les règles n'ont pas le
statut explicite que nous sommes spontanément tentés de leur
attribuer, loin s'en faut. Cette distinction simple recoupe
l'opposition que Robert Brandom, comme on le verra plus
loin, établit entre deux statuts de la règle : un statut *implicite* et
un statut *explicite*[2]. Si toutefois elle mérite d'être soulignée,
c'est d'abord en ce sens que dans de très nombreux cas, les
règles jouent un rôle qui n'exige en rien qu'elles soient explicitées ou effectivement présentes à la conscience, ou un rôle
tel que *toute* application en présupposerait la connaissance

1. Cette question peut être rapprochée de la distinction wittgensteinienne
des *causes* et des *raisons*. La règle est du côté des raisons ; en tant que telle, elle
présuppose des *motifs*, lesquels doivent pouvoir se dire en ce qu'ils répondent à
la question « pourquoi ». Il est à peine besoin d'ajouter que se pose ici toute la
question des motifs « inconscients », si du moins cette idée même a un sens.

2. R. Brandom, *Making It Explicit, op. cit.*

préalable. Il y a des règles qui possèdent un statut explicite : telles sont les règles qui gouvernent les mathématiques ou nos calculs théoriques en général, les règles du droit ou celles de la production standardisée, tandis que d'autres ne possèdent qu'un statut implicite, comme celles d'une multitude de savoir-faire ou de nos simples habitudes. On voit bien, ne fût-ce qu'intuitivement, que dans de nombreux cas les règles qui s'imposent ou s'imposeraient à la conduite sont tantôt implicites tantôt explicites. Significativement, faut-il considérer les règles de la morale comme toujours et nécessairement explicites ? Ne demandent-elles pas plutôt à être « trouvées », chaque fois que cela nous semble nécessaire, dussent-elles être mesurées à des impératifs plus généraux, comme le laisse supposer la notion kantienne d'impératif catégorique[1] ? Et qu'en est-il plus simplement de celles qui concernent les mœurs, au sens banal du terme ? Notre conduite n'a pas toujours, loin de là, le caractère réflexif que suppose l'application d'une règle comme maxime explicite. Les habitudes, nos croyances comme « habitudes d'action » sont réglées, mais elles sont d'autant plus efficientes qu'elles ne prennent pas un caractère explicite et réflexif. L'idée d'*arrière-plan*, chez Searle, celle de *forme de vie* chez Wittgenstein ou bien la notion d'*habitus* chez Bourdieu, ne permettent pas seulement d'associer aux règles un statut

---

1. J. Dewey, *Reconstruction in Philosophy* (1920), trad. fr. P. Di Mascio, Tours, PUP-Farrago, 2003, chap. VII, p. 140, où Dewey établit la pertinence de l'*enquête* dans les situations morales. Le fait d'admettre, comme Kant, un principe aussi universel que l'Impératif catégorique, ne dispense en rien des exigences que requiert, à cet égard, toute situation où se pose des questions de choix, dans la mesure où elle demeure envers et contre tout *singulière*.

implicite ; elles permettent surtout de comprendre que ce statut en est la condition[1].

RÈGLES ET INSTITUTIONS

Cette distinction entre l'explicite et l'implicite de la règle laisse clairement entendre qu'il existe bien toute sortes de règles, et qu'elles ne possèdent pas nécessairement les mêmes traits communs. Le plus important, toutefois, dans cette distinction, réside dans ce qu'elle laisse entrevoir du lien qui unit la constitution des règles à celle du social ou de la socialité. C'est à ce niveau que se situe l'implicite de la règle. L'idée que le lien social est subordonné à des règles ou que la règle est constitutive du lien social appartient certes à nos évidences. L'anthropologie structurale de Lévi-Strauss nous a notamment familiarisés avec cette idée[2]. Entre la vision en faveur de laquelle elles plaident et celle qui place l'échange au cœur du lien social, il y a toutefois ce qui sépare une conception tendant à faire de la règle un *a priori* et celle qui la considère *in statu nascendi*, dans sa relation aux situations et aux processus à partir desquels se constituent les formes de socialité. Dans les deux cas, les règles sont investies d'une double fonction ou d'un double statut : constitutif et prescriptif. Mais l'une subordonne les règles constitutives – celles

---

1. *Cf.* J. Searle, *La construction sociale de la réalité*, Paris, Gallimard, 1998 ; L. Wittgenstein, *Recherches philosophiques*, Paris, Gallimard, 2008 ; P. Bourdieu, *Méditations pascaliennes*, Paris, Seuil, 1997. Voir aussi, M. Le Du, *La nature sociale de l'esprit*, Paris, Vrin, 2004.

2. Voir les réflexions de C. Lévi-Strauss sur l'échange et la prohibition de l'inceste dans *Race et histoire*, Paris, Denoël-Gonthier, 1975.

qui sont au cœur des institutions – à la structure qui les renferme, l'autre à des applications, c'est-à-dire à une sédimentation dans une arrière-plan et dans des institutions de processus réglés, à l'égard desquels la règle ne jouit pas d'un statut indépendant. Cette différence est également celle qui sépare la vision sociologisante et holiste, propre à notre tradition sociologique de la sociologie interactionniste, sur laquelle le pragmatisme a débouché avec G.H. Mead[1]. On peut aussi la rapprocher de ce qui se fait jour dans la notion wittgensteinienne de «jeu de langage». Un jeu de langage possède ses règles. Ces règles, toutefois, lui sont incorporées en ce qu'elles sont impliquées dans les agencements et les modalités de coopération qui le constituent comme jeu, sans que nécessairement – même si cela peut aussi être le cas – les acteurs en aient une représentation.

Du coup, on pourrait dire des règles ce que Wittgenstein suggère à propos des jeux. Nous appelons jeux des formes d'interaction extrêmement diverses et contrastées. Ils forment une famille, ce qui signifie que c'est leur parenté qui fait que nous les appelons des jeux, et non pas ce qu'ils possèdent uniformément en commun[2]. *Mutadis mutandis*, il en va exactement de même des règles, lesquelles sont entièrement solidaires des jeux qu'elles contribuent à définir. En veut-on des exemples? Un *ordre* est une règle; on peut aussi appeler règle un *modèle* de procédure ou un *mode d'emploi*. Mais une *loi* est aussi une règle, au sens par exemple de la loi de transitivité ou, dans un tout ordre d'idée, des lois de la

1. G.H. Mead, *L'esprit, le soi, la société*, Paris, PUF, 2006. Voir à ce sujet l'éclairante présentation de D. Cefaï et L. Quéré.

2. L. Wittgenstein, *Recherches philosophiques*, *op. cit.*, § 23 notamment.

succession qui s'appliquent à la transmission des biens. Enfin, pour ne pas poursuivre inutilement cette liste, les fameux *Dix commandements* sont également des règles.

Les questions qui peuvent encore se poser, au terme de cette première approche, concernent la portée des règles : s'étendent-elles au champ tout entier de l'humain ou de la culture ? Concernent-elles également la place que l'univers des règles laisse à la liberté et à l'innovation ? Ces questions ne manqueront pas de se poser au fil de notre propos. Il suffira pour l'instant, d'apporter une précision complémentaire. Bien que « règle » et « norme » puissent être considérés comme quasi synonymes, en dépit de la légère nuance introduite précédemment, on pourrait juger souhaitable de réserver l'usage du mot « règle » à ce qui détermine (codifie) les modalités de *développement* d'un processus orienté vers une fin (à une *procédure* par conséquent), selon des critères de correction, et le mot « norme » à ce que nous pourrions aussi appeler un principe ou un *critère*, en tout cas une mesure de la valeur ou de la légitimité d'une action dans un contexte social donné. Ainsi, les règles d'acquisition de la propriété définissent les conditions dans lesquelles des individus peuvent devenir propriétaires, et par conséquent le type de démarche dans laquelle ils peuvent s'engager, s'ils le désirent, avec le souci de respecter les injonctions qui leur sont prodiguées par la loi. Bien sûr, la règle, dans ce cas, joue un rôle de critère, mais c'est en ce qu'elle prescrit ce qui doit être fait pour être correctement suivie. En revanche, le titre de propriété qui m'est délivré par le notaire est un *critère* de possession légitime qui confirme que la règle a été correctement suivie ; il en apporte la reconnaissance publique, et la propriété elle-même est une norme (un critère, voire une valeur, en ce sens) pour toutes sortes d'actions et de comportements qu'elle autorise. Je n'ai le droit d'habiter la maison où je vis que dans la mesure où j'en suis propriétaire ou locataire, qualité qui m'est accordée par la personne qui en est elle-même propriétaire. Dans le cas contraire, je deviens occupant illégitime, c'est-à-dire squatter. Mais je peux aussi invoquer le «droit au logement» que n'importe quel être humain est habilité à revendiquer, au titre des droits devant être reconnus à tout être humain. Dans ce cas, les critères se déplacent et s'ouvrent à toutes sortes de discussions qui donnent un aperçu de ce que le champ des règles présente de contrasté, sinon de contradictoire, dans le champ social et institutionnel, et qui montrent que règles et normes ne forment pas un ensemble unifié et cohérent. C'est que les règles sont peut-être plus subordonnées à des usages qu'elles ne régissent définitivement ces derniers, car c'est dans le vaste champ des interactions sociales qu'elles s'imposent, au gré des perspectives qui s'y font jour, et qui en commandent les évolutions. En même temps, certaines règles, comme celle qui en appelle à la reconnaissance du fait que je suis un être humain, laissent apercevoir, comme un point de fuite, le possible horizon d'une hiérarchie qui permettrait de les ordonner, bien au-delà des systèmes particuliers du droit ou de la pluralité des mœurs qui se partagent l'autorité sur les affaires humaines. On entrevoit bien, toutefois, que ces précisions, si elles sont utiles, engagent davantage notre terminologie – et les éventuelles confusions auxquelles elle se prête – que les réelles raisons que nous aurions de dissocier ce que nous appelons des *normes* de l'idée de *règle*.

RÈGLES ET FAITS

L'idée de règle est communément associée à la sphère de la rationalité, et plus précisément de la logique ou du droit. Dans ce cas, on appelle règle un principe supposé diriger le raisonnement ou la conduite. La signification en est immédiatement normative. Les fameuses « Règles pour la direction de l'esprit », de Descartes, sont supposées « diriger l'esprit de manière à ce qu'il porte des jugements solides et vrais sur tout ce qui se présente à lui », et elles sont marquées de l'indice du « il faut », en un sens proche de ce que Wittgenstein appellera plus tard « la dureté du "dois" logique »[1]. La loi ou le droit (*law* en anglais) répondent à une fonction semblable, sous une forme socialement codifiée, la fin étant alors non plus le vrai, mais le juste. Toutefois, quoique en un sens plus souple mais tout aussi contraignant, sinon plus, les règles que le même Descartes se donne au titre d'une morale *par provision*, sont également affectées d'une signification qui les élève au rang de préceptes et d'obligations, et il en va de même pour tout ce qui entre dans le champ des valeurs.

Historiquement, dans l'histoire de la philosophie tout au moins, cette représentation de la règle trouve sa contrepartie dans la contingence qui frappe l'empiricité – conformément à ce qui était déjà en jeu dans l'inspiration parménidienne d'une large fraction de la philosophie depuis Platon; elle s'illustre aussi, pour la pensée moderne cette fois, dans l'opposition, d'apparence insurmontable, du « est » et du « dois », c'est-à-dire dans l'impossibilité de déduire une *norme* d'un *fait*, à

---

[1]. R. Descartes, *Règles pour la direction de l'esprit*, J. Sirven (éd.), Paris, Vrin, 2002 ; *Discours de la méthode*, É. Gilson (éd.), Paris, Vrin, 2002.

laquelle Hume a donné une forme canonique dans son *Traité de la nature humaine* : « La morale ne consiste pas en des relations qui sont objets de science [...]. Elle ne consiste pas en un point de fait que l'entendement peut découvrir »[1]. Le projet kantien d'une « critique de la raison pure », supposé nous permettre de saisir les principes et les concepts *a priori* de la rationalité, a lui-même entériné ce partage du *fait* et du *droit* en l'ancrant dans une division peut-être plus originaire qui préfigure les principales difficultés, voire les impasses de la pensée moderne, comme Hegel l'a peut-être pressenti en mettant à nu les ressorts de ce qu'il appelait le *Sollen* (le « devoir-être ») et de la conscience malheureuse[2].

Le vieux conflit que Platon s'était efforcé de dénouer entre les deux grandes visions qui ont dominé la période présocratique s'est ainsi perpétué et déplacé en jouant contre ce qui échappe au contrôle de la raison et paraît irrémédiablement voué aux caprices de l'arbitraire, à la relativité des sens ou à l'aveuglement de la passion. La règle assume ce rôle de norme, que ce soit au regard des exigences du vrai, des débordements des désirs et des sentiments ou des conditions élémentaires

---

1. D. Hume, *Traité de la nature humaine*, trad. fr. A. Leroy, Paris, Aubier Montaigne, 1968, Livre III, Morale, p. 584.

2. Hegel, *Phénoménologie de l'esprit*, trad. fr. B. Bourgeois, Paris, Vrin, 2006. Le *Sollen*, c'est-à-dire le « devoir-être » donne à la règle le visage de l'infini ou plutôt du mauvais infini, celui de l'indéfini, de ce qui est éternellement différé. On observera en passant que, à la différence des philosophies qui ont entériné ce genre de partage, à travers toutes sortes de dichotomies, celle de Hegel – à quel prix, c'est une autre question – possède le mérite de les neutraliser. L'importance de la *Sittlichkeit*, dans son œuvre, en offre le témoignage. Voir *Principes de la philosophie du droit*, éd. et trad. fr. R. Derathé, Paris, Vrin, 1991.

d'une vie sociale, comme le laissait déjà supposer en effet la lecture de Platon[1]. Sous ce rapport, une analyse historique permettrait aisément de montrer que la question des normes joue un rôle cardinal pour la philosophie, laquelle peut être considérée comme une science normative en ce qu'il lui appartient précisément de réfléchir ou de statuer, non pas sur des faits, lesquels relèvent de la science empirique, bien que celle-ci ne puisse s'en remettre à la seule « expérience » sans se voir affectée d'un statut incertain qui contredit ses aspirations, mais sur des *principes* investis d'une valeur. La métaphysique, autant que les entreprises fondationnelles, dans toute leur diversité, trouvent leur source et leur justification dans cette opposition et dans les conséquences qui en ont été tirées. Toutefois, si l'originalité de la philosophie a consisté à promouvoir un type de pensée qui semble ainsi embrasser la variété des conduites humaines et la signification qu'elles prennent à nos propres yeux, la réflexion sur les règles n'en touche pas moins à une multitude de questions qui concernent, dans toute son amplitude, la vie individuelle et collective, et qui par conséquent, autorise une pluralité de points de vue qui ne se limitent pas à la philosophie.

RÈGLES ET LOIS

En tout état de cause, la très vaste littérature que la réflexion sur les règles a nourrie n'est pas dépourvue d'ambiguïtés. Le langage y a contribué à travers l'usage de mots comme *régulier* et *régularité* ou, plus récemment, d'un verbe

---

1. Platon, notamment, *La République*, Paris, GF-Flammarion, 2002.

aussi horrible que « réguler », qui associe confusément la subordination à une règle, la recherche d'un équilibre ou celle d'une uniformité propre à un mécanisme d'horlogerie. Bien sûr, la possibilité d'une « régulation » des prix du marché, par exemple, apte à en juguler les trop grandes variations, revient à les soumettre à une règle, mais la règle, dans ce cas, demande à être mobilisée comme telle et appliquée en conséquence, et il y a une différence entre *régler*, au sens de soumettre à une règle, et *ajuster* – ou réguler – au sens de l'opération qui, sous l'effet d'une règle ou plutôt de plusieurs, permet de régulariser un processus conformément à ce qu'on en attend.

Dans le fouillis de ces usages, la distinction se perd entre ce que Lalande appelait le sens *prescriptif* et le sens *constatif* de la règle. Lalande, à ce sujet, citait Montesquieu, à propos des lois de la nature : « Ces règles sont un rapport constamment établi. Entre un corps mû et un autre corps mû, c'est suivant les rapports de la masse et de la vitesse que tous les mouvements sont reçus, augmentés, diminués, perdus, chaque diversité est uniformité, chaque changement est constance »[1]. La parenté des mots « règle » et « loi », les usages quasi synonymes auxquels ils donnent souvent lieu, sont une source de confusion et l'utilisation du mot « loi », au singulier ou au pluriel, pour appeler aussi bien les lois de la nature que celles du droit y contribue plus que de raison. Les lois de la nature et celles du droit ont certes un sens prescriptif, en ce sens du moins qu'elles contiennent dans leur énoncé même l'indication de ce qui *doit* se produire en tel ou tel cas, c'est-à-dire lorsque telle

---

1. A. Lalande, *Vocabulaire technique et critique de la philosophie*, Paris, PUF, 1967, « Règle », p. 907. La citation de Montesquieu est extraite de *L'esprit de lois*, Paris, GF-Flammarion, 1993, I, 1.

ou telle condition est réalisée. Elles possèdent du reste, de ce point de vue, un caractère *conditionnel* : si deux trains se déplaçant à la même vitesse et en sens inverse viennent à se heurter, la violence du choc *sera* égale à la somme de leur vitesse respective selon la loi newtonienne de la composition des vitesses. Si je me marie un jour et si par bonheur j'ai des enfants, ils *porteront* mon nom et *bénéficieront* de la nationalité française. Le futur de l'indicatif, dans les deux phrases, indique qu'une condition étant remplie la conséquence mentionnée s'*ensuivra*, au sens où une chose en entraîne une autre, ce qui en marque la nécessité (conditionnelle). Les deux cas ne sont toutefois semblables qu'en apparence. Dans le premier, c'est à une *prédiction* que nous avons affaire et non pas à une *prescription*. Pour qu'il y ait prescription – ce qui constitue une propriété de la règle, et non pas de la loi – il faut que le contenu de la règle – *ce qu'*elle prescrit – s'énonce ou puisse s'énoncer et que, paradoxalement, la possibilité soit envisageable de s'y soustraire. Autrement dit, il y a règle – cela a *un sens* de parler de règle – là où deux possibilités au moins sont concevables, et de telle manière que le choix de l'une soit facultatif par rapport au choix de l'autre. Ce qui signifie, pour dire les choses autrement, que l'obligation qui s'y trouve contenue ou ce qui lui donne une caractère prescriptif n'est pas de l'ordre d'un *fait* ni même, *stricto sensu*, de l'ordre de la *nécessité*. La relation entre l'antécédent et le conséquent n'est pas causale. Et cela s'applique aussi bien aux prescriptions de la morale que du droit.

Il en va tout autrement des *lois* proprement dites. La composition des vitesses, dans le système newtonien, n'a évidemment rien de facultatif. Il n'y a aucune nécessité à ce que mes deux trains entrent en collision – toutes conditions particulières mises à part – mais si cela se produit, les vitesses s'additionneront *nécessairement*, et le choc en sera d'autant plus violent. Est-il besoin de le dire, la relation est ici de cause à effet, ce qui donne précisément à la loi le caractère constatif que relevait Lalande. Les lois de la nature – et ses caprices aussi – ne sont pas plus facultatifs que la nature elle-même, même si un curieux sens de la justice nous pousse à demander réparation pour ses effets éventuellement dommageables, comme on le voit dans les cas de catastrophe naturelle. Sans doute est-ce parce que les règles – et non pas les « lois » – sont à ce point implantées dans nos cadres et formes de vie qu'elles finissent par occulter à nos yeux l'immense étendue de ce qui n'en dépend pas et ne répond à aucune prescription préalable. L'une des raisons, comme le suggérait Lalande, tient certainement à l'idée que rien de ce qui existe n'est le fruit du hasard, dût-on le rapporter à Dieu ou à une cause supérieure. Le fameux problème « métaphysique » du mal témoigne à sa manière de la même confusion.

La véritable nécessité, en tout cas, si elle existe, est aveugle et ne se décrète pas. On peut toujours espérer s'en rendre maître, comme Descartes feignait de le penser, mais ce ne peut être qu'en utilisant ses lois en connaissance de cause et en les détournant à notre profit, ce qui ne nous assure en rien, on le sait, des effets bienfaisants que nous en attendons. La différence entre règle et loi ne concerne cependant pas leurs seules dimensions prescriptive et prédictive. Elle concerne tout autant ce que renferment ces deux mots du point de vue de leurs attendus dans nos usages communs. Les lois de la nature ne sont pas des règles, en ce qu'elles ne sont pas décrétées, et aussi pour d'autres raisons qui seront examinées plus loin; elles se constatent ou plutôt s'imposent à l'attention de qui se propose de rendre intelligible ce qui ne dépend manifestement pas de nous. Bien sûr, dans la mesure où elles procèdent d'une élaboration propre à la connaissance, elles sont la traduction de cet effort d'intelligibilité et des procédures mises en œuvre à cette fin, ce qui signifie qu'elles sont investies d'une normativité qui n'est peut-être pas sans rapport, comme on l'a parfois observé, avec le type de prescription qui caractérise les règles[1]. Après tout, la notion de loi, telle que nous l'entendons, doit certainement beaucoup à un fond métaphysico-théologique qui a d'abord rapporté la nature à ce grand horloger sous les traits duquel on s'est représenté son créateur à l'âge classique. Sauf, toutefois, à les rapporter à Dieu, il est clair qu'elles ne prescrivent rien *strico sensu*, et que pour cette raison on ne peut y voir l'effet d'aucune volonté, ni d'un choix qui supposerait plusieurs possibilités d'arrière-plan, comme dans le modèle leibnizien de l'harmonie préétablie, voire dans la doctrine cartésienne de la création des vérités éternelles[2].

Il n'en va pas de même pour les règles. On peut certes toujours établir entre elles un ordre de préférence ou d'utilité qui en autorise une vision hiérarchisée. La morale – mais aussi les idéologies il est vrai – a cette ambition de subordonner les règles, en particulier celle des mœurs ou de l'effectivité

1. Les « lois » (de la nature) trouveraient dès lors un modèle sous-jacent dans les « règles » (humaines). Le fait d'y voir des décrets divins, dans l'un et l'autre cas, du reste, éclaire cette manière de voir, ainsi que les diverses superstitions auxquelles elle se prête sous toutes sortes de rapports.

2. Dans un cas (Leibniz), les décrets de Dieu sont de l'ordre d'un choix parmi des possibilités préalables; dans l'autre (Descartes), ces possibilités ne lui préexistent pas; elles procèdent d'une création *ex nihilo*.

pratique, à des valeurs ou des finalités investies d'une signification et d'une préférabilité supérieures universalisantes. Il
n'en demeure pas moins que prises isolément et indépendamment des situations particulières qui leur donnent en fait
véritablement un sens, elles sont toutes contingentes et de
toute manière subordonnées à l'expression d'une volonté. Je
connais les règles de l'harmonie classique ou du moins je peux
les apprendre, et je sais qu'elles s'imposent, avec beaucoup
d'autres choses, à qui entend jouer du piano, mais comme le
suggérait une remarque de Wittgenstein, si je frappe au hasard
sur les touches d'un clavier et que l'on m'objecte, sur le mode
du reproche, que je ne « sais pas jouer » ou que je joue faux,
je pourrais toujours dire que telle n'était pas mon *intention*.
Certes, il n'en va pas de même de toute règle : certaines sont
facultatives, d'autres ne le sont pas, et beaucoup le sont dans
certains cas et pas dans d'autres. Les règles du droit – que nous
appelons des lois, peut-être précisément pour en masquer le
caractère non facultatif – sont tenues pour une source d'obligation qui s'impose à chacun. Mais d'une part cette obligation n'est pas absolue : elle est parfois assortie d'un droit
de « résistance » ou de « désobéissance » qui puise sa légitimité dans une instance supérieure, comme le suggérait déjà
Thomas d'Aquin[1] ; d'autre part, ces lois font appel à la

---

1. Thomas d'Aquin, dans ses réflexions sur le droit de la guerre, fait une
place à la désobéissance lorsque des intérêts supérieurs à ceux du pouvoir
séculier sont en jeu. Thoreau, dans le contexte américain, a défendu comme on
sait un principe de « désobéissance civile » qui a joué un rôle important dans
les guerres du XXᵉ siècle, en particulier pour les guerres coloniales ou post-
coloniales. Dans le droit politique, les constitutions peuvent remplir le rôle
d'instances supérieures (en France la Constitution de 1958, par exemple,

volonté, sans quoi elles perdraient une bonne partie de leur valeur et de leur contenu, comme Kant l'a opportunément souligné en invalidant, d'un point de vue moral, la simple conformité à la loi et en faisant au contraire porter l'accent sur les motifs [1]. Et enfin, bien sûr, il n'existe pas un modèle ou un système unique du droit, de sorte que nous ne sommes pas en mesure d'en défendre l'exclusivité. Le relativisme culturel, qui est au centre de nombreux débats, prend sa source dans cette constatation et dans la difficulté qu'il y a à hiérarchiser les règles et les valeurs qui leur sont liées.

RÈGLES ET CONVENTIONS

Les remarques qui précèdent permettent à la fois de justifier et d'entrevoir la place qu'occupent les règles dans la spéculation philosophique, de l'épistémologie à la morale et au droit : un nerf majeur de l'argumentation sur tous ces plans-là consiste à subordonner la *possibilité* même, en termes kantiens, de la connaissance, de la morale et d'un ordre social

plusieurs fois révisée depuis). Dans un contexte plus ancien, les devoirs par rapport à Dieu ou, aujourd'hui, la notion des « Droits de l'homme », source de discussions qui peuvent s'étendre jusqu'à un « droit d'ingérence » dans le champ de compétence des souverainetés nationales ou donner naissance à des institutions comme le Tribunal International de La Haye.

1. E. Kant, *Fondements de la métaphysique des mœurs*, *op. cit.* Le motif fournit l'indispensable élément subjectif du choix, et donc de la décision que suppose la mise en œuvre de la règle, et dans ce cas précis l'obéissance au devoir. Lalande dans son *Vocabulaire technique et critique de la philosophie*, *op. cit.*, insistait opportunément sur ce qui distingue la règle proprement dite du motif.

juste à des règles, et à en mettre au jour la nature et l'origine ou le fondement. Il n'est pas jusqu'à l'esthétique, en dépit de ce que le goût ou l'évaluation comporte d'apparemment subjectif dans ce domaine, dont on concevrait qu'elle puisse être totalement abandonnée à des choix arbitraires, c'est-à-dire à une absence de règles [1].

Dans tous ces domaines, comme le suggèrent plus précisément les difficultés de hiérarchisation auxquelles il a déjà été fait allusion, la réflexion philosophique s'impose chaque fois que des prescriptions entrent en désaccord ou en conflit. Comme Peirce l'avait primitivement suggéré dans sa théorie de la croyance et de l'enquête, et comme Dewey en a réactualisé l'idée, il n'y a de problème, de doute, et de recherche que là où le tissu des croyances se déchire de quelque façon. On pourrait certes croire que désaccords et conflits opposent d'abord des comportements ou des opinions. En réalité, si l'on y réfléchit bien, on s'apercevra que les seuls comportements ou les seules opinions, artificiellement détachés de toute forme d'engagement [2], ne sont pas de nature à susciter des conflits, ni par conséquent à entamer les croyances, au point de déclencher ce que Peirce se représentait

---

1. On se souviendra qu'il s'agit d'une exigence et d'un paradoxe majeurs auxquels la *Critique de la faculté de juger*, de Kant, est pour une large part subordonnée. La notion d'une « prétention à l'universel », propre au jugement esthétique, et la notion kantienne de « génie », propre à qualifier les « beaux-arts » en sont la principale illustration.

2. C'est l'un des aspects importants de l'œuvre de Robert Brandom d'avoir mis en lumière la nature et l'importance de ces engagements. *Cf.* R. Brandom, *L'articulation des raisons*, Paris, Le Cerf, 2009. Voir notre commentaire, *infra*, p. 119.

comme un processus de « fixation »[1]. Ce n'est que dans la mesure où nos croyances et désirs sont articulés à des règles, où ils communiquent avec un arrière-plan normatif ou des potentialités normatives, qu'ils portent en eux la possibilité de conflits, d'incompatibilités ou de contestations. Dans le domaine moral par exemple, les croyances se conjuguent inévitablement à une représentation de ce qui est bon, préférable ou de ce que l'on doit faire – ou comme on dit de ce qui *se fait*. Notre nature est certes telle que ce sont toujours les croyances – et par conséquent les règles – des *autres* qui sont tenues pour arbitraires, mais cela ne change rien à l'affaire. Si je suis un Persan, vous en êtes un autre, et la question devient de savoir jusqu'à quel point nos règles n'expriment que des conventions, lesquelles ne traduiraient alors d'autre préférence que le fait d'être *nôtres*[2].

La conventionnalité présumée des règles est une hypothèse lourde de conséquences, comme en témoigne la vive opposition qui a historiquement frappé ses défenseurs. Les règles, à l'instar de celles qui concernent les jeux, ne sont-elles en effet que le produit de conventions, comme Montaigne le suggérait en son temps ? On connaît aussi la maxime de Pascal : « Vérité au-delà des Pyrénées, erreur en deçà ». Cette question, source de débats sans fin, source de scepticisme et

1. C.S. Peirce, « Comment se fixe la croyance », dans *Œuvres*, Paris, Le Cerf, 2003, vol. I.

2. Comme Ch. Taylor l'a justement fait observer, la logique de l'identité, en matière communautaire, finit toujours par s'exprimer dans un type de justification circulaire et proprement aberrant qui en appelle au fait que si les valeurs que je défends ou que j'incarne doivent se voir reconnaître une légitimité et une priorité, c'est uniquement parce que ce sont *les miennes* (*Le malaise de la modernité*, Paris, Le Cerf, 2002).

ferment du relativisme, est empreinte d'une grande confusion. D'un côté, une particularité de la règle paraît être de laisser à chacun le choix de la suivre ou non, voire de préférer une règle à une autre ou pas de règle du tout; d'un autre côté, on ne conçoit aucune vie ni forme de vie sans un minimum de règles, à quoi il faut ajouter que parmi ces règles certaines nous semblent plus « naturelles » que d'autres. Aristote n'allait-il pas jusqu'à penser, avec la plupart des Grecs de son temps que l'esclavage est un fait de nature[1]?

La philosophie a accrédité tour à tour différentes versions de la règle, sans toujours choisir entre elles, comme le Socrate du *Cratyle* qui, entre le conventionnalisme d'Hermogène et le naturalisme dudit Cratyle, ne se prononce pas clairement[2]. On peut en comprendre la difficulté. Les règles de la langue sont arbitraires ou peuvent être tenues pour telles, puisque les langues sont diverses et qu'aucune ne peut prétendre à l'exclusivité; d'un autre côté, il ne m'appartient pas d'en décider, et je peux même rencontrer dans la langue elle-même une résistance aux distorsions que je voudrais lui imposer. Sur le premier point, Hermogène a raison, mais sur le second, c'est Cratyle qui a raison. Il entre certes des malentendus dans leur position respective, mais les embarras que l'on rencontre généralement dans ce genre de question tendent à incriminer l'idée de *convention* ou du moins ce que l'on pense sous ce terme. On sait que cette notion est au cœur de la pensée des

1. Aristote, *La politique*, trad. fr. J. Tricot, Paris, Vrin, 1975.
2. Platon, *Cratyle*, Paris, GF-Flammarion, 1999. Socrate manifeste tout au plus une « préférence » en faveur des idées défendues par Cratyle, pour des raisons qui tiennent sans doute à son refus beaucoup plus catégorique de la convention.

Sophistes, encore que dans le dialogue de Platon, la position de ces derniers soit illustrée par Cratyle qui défend une thèse opposée. On sait aussi ce qui oppose Platon à l'idée que la convention se voit accorder une souveraineté de principe, mais pourquoi faudrait-il penser que le caractère conventionnel des règles leur confère du même coup le caractère arbitraire et contingent que nous avons coutume d'associer à ce qui est conventionnel et que présupposent généralement ceux qui s'en font les partisans autant que ceux qui les combattent ? Cette erreur ou ce malentendu affecte aussi bien la pensée des Sophistes que celle de Platon et, beaucoup plus tard dans l'histoire, les théories contractualistes en philosophie sociale et politique. Car ce n'est pas parce que les conventions – c'est-à-dire les maximes ou les actes dans lesquels s'expriment des formes d'adhésion commune – ne doivent rien à la nature, qu'elles doivent être considérées comme l'expression de choix contingents *stricto sensu*. Cette vision des choses est pour une large part le produit des réactions suscitées par l'esprit des Lumières, et conjointement d'une conception exagérément subordonnée à l'individualisme moderne. En réalité, ce n'est que dans une vision dualiste opposant la culture à la nature, les règles aux lois, l'intelligence à l'instinct, etc., que cette erreur peut prendre corps [1].

---

1. Le caractère artificiel des conventions humaines a été mis en exergue et attaqué dans le droit fil des réactions engendrées par les Lumières, tout particulièrement en Allemagne. La critique hégélienne du contrat social, dans les *Principes de la philosophie du droit*, en offre un échantillon ; mais d'une certaine manière, paradoxalement, on en trouvait déjà un aperçu chez Rousseau, dans ses écrits sur l'*origine* (des langues, de l'inégalité). Le romantisme a largement contribué à imposer cette conviction en cultivant la notion

Nos règles – celles qui sont incorporées à nos habitudes, nos croyances, nos valeurs, nos institutions – ne sont certes pas les seules qui se puissent imaginer ; on peut légitimement souhaiter les changer ou en choisir d'autres. Pas n'importe lesquelles, toutefois. Pourquoi ? En premier lieu parce que cela ne se *décrète* pas : on ne change ni une langue ni une société par décret [1] ! Conventionnel ne signifie pas amendable à loisir. En second lieu parce que les règles se conjuguent à des pratiques – à des applications si l'on veut – dont nous verrons plus précisément qu'elles en sont beaucoup plus que la simple effectuation ou actualisation. Seule une conception « intellectualiste », comme disait volontiers Dewey, conduit à voir dans les règles la simple expression d'une volonté dont découleraient naturellement et quasi automatiquement des conséquences pratiques. Certes, il fait partie du concept de règle que des conséquences lui soient associées, et que ces conséquences se confondent avec ses applications et les effets de ces applications : je connais les règles du jeu de dames et jouer signifie les appliquer. Les deux pions que je viens de me faire manger sont une conséquence de leur application, c'est-à-dire des choix que j'ai faits en conformité avec ces règles. Et si je perds, je serai encore sous l'effet de ces conséquences. Toutefois, ce qui advient dans le jeu ne dépend pas *que* des règles, sans quoi je ne parlerais pas de jeu, et réciproquement c'est dans la mesure où je les applique que ces règles existent comme règles. Il serait totalement dépourvu de sens de parler

d'originaire et en multipliant les divisions sur le mode de l'opposition : l'art *vs* la philosophie, le symbole *vs* l'allégorie, la communication *vs* la poésie, etc.

1. Quelle règle pour changer les règles ? Le mètre étalon ne se mesure pas.

de règles qui n'ont jamais été, ne sont ou ne seront jamais appliquées.

Bien sûr, les règles du jeu de dames sont des conventions, mais je n'ai pas le pouvoir de les modifier au gré de ma fantaisie. Non seulement, cela modifierait le jeu, mais rien ne m'assurerait qu'en les changeant j'obtiendrais un nouveau jeu[1]. Le test résiderait dans leur application. On ne fait pas un jeu avec n'importe quelles règles, pour cette seule raison que leur fonction consiste à rendre possibles des opérations coordonnées ou coordonnables qui déterminent elles-mêmes la possibilité d'une suite d'opérations finalisées et identifiables. *Convenir* de règles données relève d'une décision beaucoup moins arbitraire qu'on ne croit. Il est même tout à fait possible de penser que pour des êtres constitués différemment de moi, des extra-terrestres, par exemple, ou en tout cas pour des êtres avec qui je ne partagerais absolument pas la même forme de vie, les jeux qui nous sont les plus familiers et en apparence les moins nécessaires, ne signifieraient rien qui les apparenterait à ce que nous appelons des jeux. Il en va des jeux et des règles comme du langage : *si un lion pouvait parler, nous ne pourrions pas le comprendre*[2]! Il peut paraître curieux de

---

1. Changer la règle, c'est aussi ce qui se produit dans un jeu lorsqu'un joueur *triche*. On considère qu'il triche, au lieu de considérer qu'il suit une autre règle ou joue un autre jeu, parce qu'il a décidé *tout seul* – en misant sur le fait qu'il sera précisément le seul à s'y employer – d'appliquer une autre règle que celle qui est suivie par les autres (jouer avec des dés pipés, sortir une carte de plus de sa manche, s'autoriser l'usage de ses mains au football, etc.). Changer de règle reviendrait à changer de jeu si ce changement était le produit d'une décision commune.

2. L. Wittgenstein, *De la certitude*, trad. fr. D. Moyal-Sharrock, Paris, Gallimard, 2006.

formuler les choses ainsi, mais il y a au moins une raison pour laquelle nos règles, quoique conventionnelles, n'ont pas le caractère arbitraire que nous sommes tentés de leur attribuer, c'est que ce sont *les nôtres*, ce qui veut dire qu'elles nous *constituent*! Nous ne sommes pas tels que nous pourrions agir selon n'importe quelle règle ; d'autre part les règles qui nous sont familières ne sont pas arbitraires au point de ne répondre à aucune raison. Mais ces raisons ne doivent pas être recherchées dans quelque instance ou quelque fondement qui en constituerait la source ; elles dépendent paradoxalement de ce que ces règles nous permettent de *faire*, et elles possèdent en ce sens une double face ; elles sont à la fois *constitutives* et *prescriptives*, exactement comme dans le jeu de dames ! C'est en partie à l'ignorance ou à la sous-estimation de ce statut constitutif que l'on doit l'assimilation de ce qui est conventionnel à l'arbitraire et au contingent. Ces termes sont exagérément affectés d'une signification individuelle et subjective qui se nourrit de mythes comparables à celui du langage privé[1]. Si donc les règles sont des *conventions*, les possibilités et les options qui s'y jouent sont solidaires de *pratiques* répondant à d'autres impératifs que ceux de la volonté ou de la fantaisie. Un moyen de s'en convaincre consiste à raisonner en termes de *situations*.

---

1. L. Wittgenstein, *Recherches philosophiques*, *op. cit.* Au fond de la conviction que les règles sont le produit d'un choix arbitraire, il y a la représentation de la faculté, pour un individu, de choisir une règle qui pourrait éventuellement valoir pour lui tout seul. Hermogène dans *Cratyle*, illustre cette conviction. La règle, dans ce cas, loin d'être pensée dans ses applications, et par rapport à un critère de correction qui ne peut être que public, s'identifie à une pure *idée*, à une pure *représentation*.

Les règles sont-elles facultatives
par principe ?

Une situation signifie un *problème* à résoudre. Ce problème peut certes être *théorique*, pour simplifier, ou *pratique*, en entendant par là de toute façon des circonstances telles qu'une *action* demande à être accomplie, un *processus* engagé, afin de parvenir à des conditions nouvelles qui représentent une résolution de la situation antérieure. L'important dans ce schéma – et c'est pourquoi on peut parler de *problème* – est que ce qui existe, tel que cela existe, pour des raisons qui peuvent être extrêmement variées, en appelle à une ou des actions qui opèrent une ou des modifications, dans la perspective d'une efficacité au regard des fins visées ou recherchées sur cette base. Parler de « situation », comme le font les sociologues pragmatistes, de problème et de processus orienté vers une résolution, revient en fait à se placer dans un cadre qui est celui de l'*enquête*, sans toutefois réserver ce mot – précisément – à des objectifs de type théorique ou scientifique[1].

Bien entendu, dans tous les cas où l'on a affaire à une situation répondant à ces conditions, on dispose de règles ou d'habitudes d'action acquises, apprises et éprouvées. Il se peut aussi, toutefois, qu'elles ne répondent pas aux exigences de l'heure ou qu'elles soient entravées dans leur application.

---

1. Outre Peirce, voir sur ce point J. Dewey, *Logique ou théorie de l'enquête*, Paris, PUF, 1993, et *Reconstruction en philosophie*, *op. cit.* Voir aussi H. Joas, *Pragmatism and Social Theory*, Chicago, University of Chicago Press, 1993, ainsi que J.-P. Cometti, *Qu'est-ce que le pragmatisme ?*, Paris, Gallimard, 2010.

C'est pourquoi Peirce, à côté de la déduction et de l'induction, attribuait un rôle fondamental à l'abduction[1]. L'important réside ici en ce que les règles considérées, disponibles ou à inventer, ne peuvent pas être dissociées des conditions propres à la situation dans laquelle elles sont destinées à opérer, même si ces conditions peuvent se révéler réitérables, là où des « problèmes » standard demandent à être résolus[2]. En tant qu'elles en sont néanmoins indissociables, elles ne sont pas *facultatives*. Certaines peuvent se révéler d'égale disponibilité, certaines meilleures que d'autres, mais tout n'est évidemment pas égal. C'est une première raison pour laquelle les règles ne peuvent être dites arbitraires, à l'exception de celles qui relèvent de la pure fiction ou se perdent dans l'infinité des mondes possibles. Dans *ce* monde-ci, le seul que nous connaissions réellement, le choix entre une pluralité de règles possibles est plus restreint qu'on ne croit. Aussi les croyances et modes d'action ou d'organisation de sociétés éloignées des nôtres ne doivent-elles pas être considérés sous la seule lumière de ce que nous tenons pour intellectuellement valide ou rationnel. Bergson avait attiré l'attention sur une exigence de ce genre, en pensant sans doute aux malentendus de l'anthropologie évolutionniste[3] ; d'autant que, comme la lecture de Wittgenstein, cette fois, peut le suggérer, nos règles, nos jeux de langage, doivent encore s'accorder avec

1. C.S. Peirce, « Comment théoriser », dans *Œuvres*, *op. cit.*, vol. II, p. 177 *sq.*, ainsi que les remarques de Joas sur l'importance de l'abduction pour le sciences sociales, dans *Pragmatism and Social Theory*, *op. cit.*

2. J. Dewey, *Reconstruction en philosophie*, *op. cit.*

3. H. Bergson, *Les deux sources*, dans *Œuvres*, Paris, PUF, 1991.

les ressources de la vie[1]. Les philosophies naturalisantes ont évidemment mis en relief ce type de contrainte ; mieux, elles nous permettent de comprendre qu'à toute règle correspond un arrière-plan qui s'inscrit dans des contextes d'interaction ou de « transaction », comme disait Dewey, qui ont leur racine dans les processus d'adaptation du vivant à son milieu[2].

Il y a toutefois une seconde raison qui nous interdit de souscrire aux présupposés qui grèvent la plupart du temps, l'idée de convention et nous la font assimiler au pur et simple arbitraire. Si l'on veut bien admettre – contre les dichotomies ordinairement en usage – que les règles qui organisent la vie humaine et en déterminent la variété s'inscrivent dans le prolongement des processus de la vie ; et si l'on veut bien concevoir aussi qu'elles ne sont pas le produit d'un choix qui situerait d'un côté la nature – ou une condition naturelle de l'homme – et de l'autre les institutions propres à l'homme, on conviendra peut-être alors que lesdites règles constituent pour nous comme une « seconde nature », ce qui les rend également aussi peu facultatives que la morphologie de la colonne vertébrale pour la station debout. Que d'autres règles que celles que nous connaissons soient toujours possibles – dans une certaine mesure et d'une certaine manière – voire parfois souhaitables ou désirables, et que l'on puisse ou l'on doive s'orienter vers de nouvelles possibilités selon les situations que nous traversons et l'appréciation auxquelles elles donnent lieu – cela

---

1. C'est l'un des sens pouvant être retenu de l'appel au concept de « forme de vie » chez Wittgenstein. Il s'agit d'un point sur lequel S. Cavell a attiré l'attention dans *Les voix de la raison*, Paris, Seuil, 1996.

2. J. Dewey, *Experience and Nature*, New York, Dover Publications, 1958 ; trad. fr. Paris, Gallimard, 2011, à paraître.

sous toutes sortes de rapports – ne les rend pas pour autant arbitraires. Comme pour les règles dont parle Wittgenstein à propos des jeux, changer de règle c'est changer de jeu, mais au regard d'un jeu donné les règles qui le constituent ne sont pas arbitraires, puisque à défaut de celles-ci il n'y aurait pas de jeu du tout. L'argument n'est pas de pure forme. Il signifie qu'au fond des convictions qui privilégient la convention en faisant valoir ce qu'elle comporte d'apparemment artificiel, comme au fond de celles qui la déplorent et s'y opposent au nom de quelque instance supérieure ou ordre plus élevé, il y a la même vieille idée : la stricte opposition de l'art et de la nature ou, comme chez Platon, de la réalité et de l'artifice [1].

Dès lors, le problème qui se pose n'est pas tant celui de savoir si nous disposons d'un moyen permettant d'évaluer comparativement les règles – une super règle en quelque sorte – mais plutôt de déterminer dans quelle mesure changer de règle est possible, et quelle raison nous pourrions avoir d'en changer. La première question tient essentiellement à ce que nous nous représentons sous le concept de règle. La seconde communique avec tout un ensemble de considérations qui peuvent être dites éthiques, si l'on entend par là, en un sens très large, la manière dont nous nous représentons notre vie et dont nous la projetons, sous tous rapports, dans le temps et dans le préférable.

---

1. N. Goodman a montré combien ces frontières sont plus perméables qu'il n'y paraît. C'est une question qui dépend, pour une large part, des conditions d'implantation des prédicats. Voir, à ce sujet, *Fait, fiction et prédiction*, Paris, Minuit, 1985, ainsi que I. Hacking, *Le plus pur nominalisme*, trad. fr. R. Pouivet, Paris, L'Éclat, 1993.

CHANGER LA RÈGLE

Nous nous orienterons dans ce qui suit vers une manière de concevoir ce qui peut être apparenté à une règle comme ouvert à des modifications. Les règles changent ou peuvent être changées, non pas parce qu'il nous est permis d'en décider de façon arbitraire et souveraine – ce que laisse trop aisément penser l'idée de convention, telle que nous l'avons contestée – mais parce que les règles ne sont rien de plus que leurs applications, et que dans la mesure où elles en sont indissociables, c'est dans l'usage qu'elles sont à même de se transformer. C'est ce que montrent assez clairement les évolutions qui se font jour dans les langues humaines et dans leur grammaire. On peut souhaiter juguler certains usages et en favoriser d'autres, comme le montreraient divers exemples – ce qui signifie, soit dit en passant certaines règles – mais les usages l'emporteront toujours, qu'ils soient ou non en accord avec nos décrets. Deux points sont ici discriminants. Le premier est qu'une règle ne détermine pas *par avance* ses applications, ce qui signifie également que le concept d'une règle est un concept vague ; il tolère du jeu, à l'image d'un mécanisme qui, pour fonctionner, doit en effet tolérer une certaine souplesse dans ses rouages ; le second, tout aussi important, est que nos règles ne forment pas *système*. Le structuralisme, de ce point de vue, nous a probablement égaré en nous portant à favoriser l'idée de système, comme lorsqu'on parle du système de la langue [1].

---

1. La vision de la langue concernée est celle qui a été attribuée à Saussure et dont le structuralisme s'est ouvertement nourri et recommandé. Si l'on veut avoir une vision concurrente, il suffit de penser à ce que suggère l'idée

Bien sûr, il existe des corps de règles qui forment des ensembles variables au sein desquels les règles se conjuguent, de manière plus ou moins efficace, et au service de certaines fins. Les règles du droit en constituent des exemples ou, dans un tout autre ordre d'idées celles que nous imposons à notre vie domestique ou celles de l'hygiène. Mais si elles entrent dans des rapports qui en effet les relient entre elles, cela ne signifie pas que l'ensemble de ces rapports forme à son tour un système qui lui-même aurait ses propres règles, auxquelles les autres seraient intégralement subordonnées. S'il en était ainsi, outre le cercle que cela implique, alors en effet il n'y aurait pas d'autre possibilité d'évolution ou de transformation que celle qui résulterait d'une invention radicale proprement imprévisible et quasi miraculeuse. Il n'est pas indifférent de constater que les penseurs enclins à privilégier l'idée de système ou de structure ont la plupart du temps raisonné en termes de discontinuité[1]. Non pas que cette idée elle-même soit sujette à caution, car nous en avons de nombreux exemples dans l'histoire, mais si à certains moments des changements de règles ou dans les règles se font jour, qui entrent en rupture avec le corps plus familier de celles qui avaient cours, c'est précisément parce que des tensions s'y étaient fait jour, ce qui s'accorde davantage avec des appariements de l'ordre des parentés et des conjugaisons pratiques qu'avec une représentation en termes de système. L'exemple des jeux ou celui des

wittgensteinienne de « jeux de langage », nécessairement *pluriels*, *hétérogènes*, *mais apparentés*.

1. C'est notamment le cas de M. Foucault dans *Les mots et les choses*, Paris, Gallimard, 1968, et dans *L'archéologie du savoir*, Paris, Gallimard, 1969. La notion de « paradigme », chez Kuhn, se prête aussi à cela, d'où l'hypothèse de l'incommensurabilité.

mathématiques devrait être de nature à nous en convaincre. Là, en effet, parce que les règles sont plus strictes et jouent de façon plus univoquement déterminantes, le moindre changement de règle signifie certes un changement de jeu. En revanche, dans la plupart des cas qui s'adossent à des degrés divers à des pratiques dont l'univocité n'est jamais ni assurée ni nécessaire, il en va autrement. Il n'est d'ailleurs pas jusqu'à la physique qui n'en témoignerait, tant il est vrai qu'on peut y faire coexister, en jouant sur des utilisations alternatives et variables, des modèles d'intelligibilité concurrents.

Il va sans dire que les questions que posent ainsi la pluralité des règles, à des échelles diverses, et leur statut éventuellement concurrent, ne sont pas dissociables des valeurs et des préférences qui s'y trouvent engagées. Dans la mesure où nous avons affaire à des prescriptions et à des valeurs, cette dimension plurielle et concurrentielle pose des problèmes de choix qui semblent réclamer à leur tour des règles et des critères dont on voit bien qu'ils sont destinés à nous faire défaut, puisqu'ils nous entraîneraient, si nous n'y prenions garde, dans un *regressus* sans fin. C'est la principale raison pour laquelle les Lumières, puis le romantisme ont favorisé les idées d'origine et d'originaire, en les associant à une vision de l'histoire. Une fiction s'est substituée à une autre : l'*origine*, voire l'*événement*, au fondement absolu [1].

---

1. Ce schéma est malheureusement récurrent dans l'histoire de la philosophie, comme on le voit chez Heidegger et ses disciples, ou comme en témoigne aussi le prix accordé à des généalogies bâties d'une seule pièce qui, sous la lumière d'une notion, nous permettent d'embrasser des pans entiers de l'histoire humaine. *Homo sacer*, de Giorgio Agamben en fournit un assez bon exemple, quelle que soient par ailleurs les vertus des analyses que l'auteur y propose sur différents points.

Il est clair que si nos règles sont à ce point indissociables de nos usages que les différences qui les distinguent ou les inscrivent dans des ordres de choix différents et des finalités différentes répondent à des motifs *pratiques* – et non pas à quelque chose qui s'apparenterait à des choix théoriques – la concurrence est moindre. Plus exactement, comme le suggérait Wittgenstein dans ses brèves «remarques» sur le *Rameau d'or* de Frazer, ce qui nous semble de prime abord incommensurable tolère tout à fait des comparaisons et des proximités que les usages font apparaître, là où le mirage de la règle, considérée en elle-même, nous les masquerait. En d'autres termes, le fait de raisonner en termes de parenté plus que de système présente cet avantage de diminuer la part du *dissensus*, même si c'est au prix d'une dissolution des frontières qui nous semblent pourtant si strictes et si bien établies[1].

Je ne discute pas, dans tout cela, des choix de valeurs pouvant paraître impliqués dans ce type de question. Ce que je suggère tient exclusivement à ceci qu'il est parfaitement vain – et au demeurant inutile – de raisonner sur les règles en des termes tels que nous y serions contraint de rechercher une règle des règles, à défaut de laquelle nos règles cesseraient de posséder la portée prescriptive dont elles sont investies. Cette portée prescriptive, les règles ne la possèdent pas de manière *intrinsèque*; elles la tiennent de leurs applications, même s'il peut paraître circulaire de dire qu'une règle est une règle dans la stricte mesure où elle s'applique, en ajoutant qu'elle ne fournit pas en tant que telle la raison de ses applications, ni par

1. L. Wittgenstein, *Remarques sur le «Rameau d'or» de Frazer*, Mauvezin, TER, 2001.

conséquent d'elle-même. C'est pourquoi les règles ou tout ce qui entre dans le champ des règles en appellent à des choix qui ne peuvent pas dépendre de règles proprement dites, tout au plus des critères, si l'on entend par là, dans l'ordre des fins ou du sens, un horizon de préférences susceptibles de déterminer des orientations.

LE FAIT ET LA NORME

Toutes ces questions ont été amplement débattues, sous une forme ou sous une autre, dans l'histoire de la philosophie, et dans des termes ou selon une terminologie variables. Généralement, les débats sur lesquels elles ont débouché ne se dissocient pas des grands clivages qui découpent le champ de la réflexion philosophique entre la connaissance et l'action, le vrai, le beau et le bon ou les trois grandes questions kantiennes : *Que puis-je connaître ? Que dois-je faire ? Que m'est-il permis d'espérer ?*

L'intérêt de la notion de règle, par rapport à des discussions plus convenues centrées sur d'autres notions – la notion de valeur par exemple – réside en ce qu'elle oriente l'attention vers quelque chose de beaucoup plus simple qui trouve une illustration immédiate dans des conduites familières. Il en va un peu comme de la notion de « jeu de langage » et des avantages que Wittgenstein y voit au début des *Recherches philosophiques* : on peut bien entendu en compliquer la notion, mais on peut aussi partir d'exemples simples qui autorisent spontanément une plus grande clarté[1]. Car une

1. L. Wittgenstein, *Recherches philosophiques*, *op. cit.*, § 5.

règle est quelque chose de simple qui a d'abord la forme d'un ordre, d'une prescription, et qui en ce sens ne réclame pas ou pas nécessairement une interprétation. Aussi la règle est-elle du côté de l'action. Ce qu'elle réclame n'est pas de l'ordre de l'interprétation, mais de l'apprentissage.

Par rapport à la simplicité dont témoigne une telle réflexion, la philosophie s'est le plus souvent engagée dans des voies qui tendent à privilégier une vision plus sophistiquée des règles qui en font perdre de vue la dimension pratique[1]. Par exemple, lorsque Kant distingue deux types d'impératifs (c'est-à-dire deux types de règles), ayant respectivement une valeur conditionnelle et une valeur inconditionnelle (*hypothétique* et *catégorique*); ou lorsque Descartes pose le principe d'une *mathesis universalis* supposée définir les règles qui permettraient à l'esprit de se diriger sûrement, voire d'inventer, au-delà des contenus particuliers des sciences auxquelles elles seraient appliquées, il ne se demande pas spécifiquement en quoi consiste exactement la nature de la règle ni, de manière spécifique, quels problèmes se trouvent enveloppés dans son rapport à ses applications. Il s'appuie au contraire sur un schéma qui distingue la règle et ses applications et se préoccupe davantage du contenu ou des finalités

---

1. Deux choix sont à cet égard possibles : partir de la règle pour en penser les applications ou inversement commencer par ce qui paraît immédiatement impliqué dans la dimension pratique de la règle. Ce n'est pas un hasard si la philosophie morale de Kant se heurte à des problèmes dès lors qu'il s'agit de concevoir la mise en pratique des préceptes moraux. En insistant sur «l'expérience morale», certains auteurs ont été mieux inspirés : Frédéric Rauh, philosophe oublié, ou John Dewey, pour qui la morale est affaire d'expérimentation et d'enquête.

des règles qu'il mobilise, plus que de ce qui en fait une règle. Il y a une raison à cela, c'est que la représentation qu'ils en ont, bien qu'elle paraisse découler de sa définition, contient en son principe une distinction majeure dont les effets peuvent être résumés ainsi : *en tant que principe directeur et prescripteur, propre à définir la finalité, le déroulement et la valeur d'une action – voire la signification des moyens mise en œuvre pour y parvenir, l'acte lui-même étant tenu pour son application – la règle est indépendante des possibilités auxquelles elle se conjugue.*

Plus simplement, se trouve présupposée ici une autonomie de la règle qui paraît être la condition de sa valeur et de son efficacité. Essayons toutefois de voir quels présupposés renferme la présente maxime, et quelles en sont les implications. La distinction du *fait* et de la *norme* est ce qui fonde l'autonomie de la règle ; de là découle la possibilité présumée d'applications, c'est-à-dire la possibilité d'investir les actes que la règle est supposée régir d'une *signification* et d'une *force* qui leur confèrent une *valeur* et leur permet d'être appréciés (évaluées) selon leur conformité ou leur non conformité à celle-ci. Sous ce rapport, la règle prend donc un double sens : elle fonctionne à la fois comme *source* de la signification dont les actes sont investis et comme *critère* de la valeur qui leur est attribuée. Ainsi, par exemple, dans le champ du droit, la règle de la prescription acquisitive donne un *sens* particulier – du point de vue du droit, bien sûr, à côté de beaucoup d'autres points de vue qui entreraient probablement en ligne de compte, en donnant chaque fois à cela un autre sens particulier – à la simple jouissance d'une terre sans propriétaire attitré, et c'est la même règle qui se conjugue à la possibilité d'une *évaluation* des droits auxquels je pourrais prétendre si j'entendais en devenir propriétaire. De même, les simples règles de l'arithmétique font doublement jouer le *sens* et la *valeur* (du point de vue de l'exactitude) de toute opération sur des nombres. C'est la règle qui donne un sens à l'opération, qui ne serait sans cela qu'un acte sans aucun sens particulier, sinon celui d'un événement contingent ; c'est encore elle qui permet d'en mesurer l'*exactitude*, elle-même implicitement présupposée, sous la forme d'un *engagement* spécifique, dans l'opération telle qu'elle se déroule. Corrélativement, on suppose que les actes comme tels, privés de la signification que leur rapport à la règle permet d'établir (en tant qu'ils sont considérés comme des applications de celle-ci), demeurent contingents, l'idée étant qu'un fait considéré comme tel ne signifie rien. Un mouvement de mon bras, détaché de toute intention n'est qu'un mouvement et non un acte [1].

Cette manière de voir les choses présente certes des avantages ; elle permet de comprendre que l'attribution d'un sens à un acte ou à un geste présuppose une norme ou en tout cas un arrière-plan normatif et entre donc dans le champ d'application d'une règle. Mieux, la notion même de signification ne se conçoit pas indépendamment de toute dimension normative. C'est pourquoi ce qui se produit, et prend donc à nos yeux la valeur d'un fait, n'est pas détachable d'une norme, fût-elle voilée ou l'effet d'une loi naturelle. Mais les lois naturelles ne doivent elles-mêmes leur pouvoir explicatif qu'à leur élévation au statut de norme, ce que Hume, soit dit en passant,

---

1. C'est-à-dire un mouvement intentionnel.

a bien vu en analysant comme il l'a fait la notion de causalité[1].
Parler de cause, c'est dire et inférer beaucoup plus que la
simple consécution de faits ou d'événements distincts. La
cause – la norme – induit une relation *interne* entre les faits
qu'elle relie (un acte et une intention, par exemple), et à défaut
d'une telle inférence, nous n'aurions affaire qu'à une relation
externe supposée que rien ne permettrait de comprendre.

Il ne saurait être question d'aborder ici le problème
épineux, peut-être assez vain, des relations internes et des
relations externes, mais la présupposition d'un statut autonome de la règle pose un problème de ce genre. Nous nous y
arrêterons donc quelques instants, car on peut y voir la pierre
d'achoppement de la conception qui a retenu notre attention
jusqu'à présent.

QU'EST-CE DONC QU'APPLIQUER UNE RÈGLE ?

Selon une conception formaliste de la règle – Robert
Brandom parle de « régulisme », à ce sujet[2] – une règle ne se

---

1. Le fait, là où nous parlons de « cause », c'est la simple consécution. Le
motif qui nous conduit à investir la consécution d'une signification causale, et
donc à en investir les phénomènes, consiste en un acte de croyance, que Hume
distingue tout à fait de ce que la raison est à même d'induire. La capacité de
prédiction que ce schéma autorise, une fois introduite la puissance de la cause,
n'existerait pas si l'esprit s'en tenait aux simples faits.

2. R. Brandom, *Making It Explicit*, *op. cit.*, p. 20, se réfère à Wittgenstein :
« les propriétés des actions qui sont gouvernées par des règles explicites ne
forment pas une strate autonome de statuts normatifs, tel qu'il pourrait exister
en l'absence d'aucun autre. Bien au contraire, les propriétés gouvernées par des

conçoit comme règle que formulée ou explicitée : la règle s'identifie à ce qui en constitue la lettre ou l'énoncé. Elle est de l'ordre du langage. Cette conception s'accorde – en ce qu'elle l'induit – avec un ensemble de dichotomies ou d'oppositions dont on connaît la nature et, si j'ose dire, la fortune, en commençant par la *raison* et l'*expérience*, l'*intellect* et le *sentiment*, la *forme* et la *matière*, la *science* et l'*art*, la *norme* et le *fait*, etc. Dans cette série d'oppositions, pouvant être étendue à loisir, le second terme recouvre systématiquement un domaine marqué par la contingence, le caprice, de ce qui, à défaut de tout principe d'ordre, demeure *informe*, et demande en conséquence à être *maîtrisé* pour accéder à une intelligibilité que réclame la connaissance autant que l'action. Il est à peine besoin de dire que l'idéalisme philosophique, dans ses diverses variantes, y a puisé l'essentiel de ses ressources, et que les tentatives historiquement entreprises pour y échapper en ont souvent reproduit le schéma, que ce soit négativement – comme le scepticisme – ou positivement en imaginant une mécanique de l'esprit qui confie à la nature ou aux lois de la nature les privilèges que l'idéalisme attribuait à la substance même de l'Esprit ou de la Pensée [1]. L'identification de la règle

---

règles explicites reposent sur des propriétés gouvernées par la pratique. Les normes explicites sous la forme de règles présupposent des normes implicites dans les pratiques ».

1. J. Dewey, dans sa critique de l'intellectualisme, a tout particulièrement mis en lumière les composantes et les ressorts de la pensée dichotomique. Son pragmatisme, sur le plan philosophique, comme sur celui de la pensée politique ou de l'éducation, a ouvert la possibilité d'une alternative à laquelle la philosophie de l'enquête (*inquiry*) de C.S. Peirce avait ouvert la voie. En dépit des limites qui sont celles de tout rapprochement, il est permis de voir dans la pensée wittgensteinienne de la règle une manière de se soustraire aux dicho-

à son statut *explicite* y a puissamment contribué, de même que le fait d'en détacher la possibilité de toute action et de toute interaction dans un contexte socialisé, c'est-à-dire d'ignorer la dimension normative (implicite) de la simple coordination des actions dans un contexte de sens, et par rapport à un arrière-plan toujours présupposé. La contestation du doute absolu, chez Peirce, n'avait pas un autre sens. On ne peut douter de tout. Il n'y a de doute possible que dans un contexte de croyances, elles-mêmes partagées.

L'idée qu'une séquence d'actions puisse faire *jurispru-dence* témoigne de ce qu'une action, bien que non initialement codifiée par le droit, peut envelopper de normatif (positi-vement ou négativement) dans un contexte de règles et de croyances communes. Plus communément, au rebours de cette manière de voir, la règle est souvent conçue à la lumière d'un rapport inversé – entre ce qui vaut comme règle et ce qui vaut comme application – qui revient à y enfouir, *virtuellement*, l'intégralité de ses applications. Mais comment ce qui appar-tient ainsi à l'ordre du *langage*, si c'est dans la formulation qui peut en être donnée que la règle existe comme règle, comment donc ce qui appartient à l'ordre du langage ou du symbolique

tomies avec lesquelles la tradition philosophique nous a familiarisés, et il n'est pas jusqu'à la pensée marxienne de la *praxis* qui admettrait d'être réinterprétée de la sorte. Le point important, dans tous ces cas-là, réside dans la manière dont les actes se conjuguent à des engagements et à d'autres actes avec lesquels ils interagissent, aux ressources d'expression dont ils sont solidaires et au sens qu'ils prennent dans un contexte partagé. Considérées sous cet éclairage, les dichotomies sur lesquelles débouchent les nécessaires distinctions qui répon-dent à nos besoins d'intelligibilité apparaissent pour ce qu'elles sont, des effets malheureux de notre tendance à fixer dans des catégories détachées et autonomes les processus constitutifs qui en sont la contrepartie.

pourrait-il *déterminer* ce qui se déploie dans une *action* ou dans une opération *empiriquement* observable et évaluable? « Il y a un abîme, écrit Witttenstein, entre l'ordre donné et son exécution »[1].

L'un des problèmes majeurs posés par les dichotomies auxquelles la notion de règle est pour ainsi dire enchaînée s'exprime dans cette difficulté. On pourrait, à ce sujet, invoquer la maxime de Berkeley : « rien ne peut ressembler à une idée hormis une autre idée ». Les positivistes du Cercle de Vienne se sont heurtés à cet écueil, et ont tenté de le contourner en faisant appel à l'idée d'énoncés protocolaires. Mais leur conception de l'empirique n'a rien résolu, tant ils ont ignoré que c'est la notion même de donné (étroitement liée à ce que mettent en jeu les dichotomies impliquées dans cette affaire) qui continuait de toute façon de les placer dans l'embarras[2]. Kant, bien avant eux, a échafaudé tout un dispositif conceptuel pour résoudre l'irréductible hétérogénéité des concepts – et en un sens de la règle – et des contenus sensibles. La difficulté en question se heurte depuis bien longtemps à un paradoxe qu'Aristote avait bien diagnostiqué en invoquant l'argument du « troisième homme ». Faut-il donc se sentir acculé au vieux débat de l'idéalisme et du réalisme ou, comme on le dit aujourd'hui, du réalisme et de l'antiréalisme ?

L'embarras dans lequel nous place la conception commune de la règle – finalement au centre de ces questions –

1. L. Wittgenstein, *Recherches philosophiques*, *op. cit.*, p. 431.

2. À ce sujet, voir W. Sellars, *Empirisme et philosophie de l'esprit*, Paris, L'Éclat, 1992. L'argument de Sellars, dans ce livre, consiste essentiellement à établir – d'où le « mythe du donné », les inférences dont tout « donné » ou présumé tel est tributaire.

suppose que nous nous demandions ce que veut dire suivre une règle ou encore « comment suivre une règle » et que nous fassions toute leur part aux apprentissages que cela suppose, et à la compréhension qui leur est subordonnée [1]. Comme nous le verrons dans la seconde partie, plus spécifiquement centrée sur Wittgenstein, cette interrogation constitue un point clé des réflexions que celui-ci a développées autour de la notion de jeu de langage dans les *Recherches philosophiques*. Rappelons-en pour l'instant l'essentiel en nous arrêtant sur ce qu'on a appelé, à ce propos, le « paradoxe de la règle ». Ce paradoxe peut être formulé ainsi : si le fait de suivre une règle consiste à se conformer, par un enchaînement d'actes ou d'opérations données, à la *représentation* qu'on en a, comment établir cette conformité autrement qu'en invoquant ladite représentation ? Le problème est celui de la représentation, du rôle qu'elle joue dans l'obéissance à la règle, car si l'on devait en rester là, toute application vaudrait en tant que telle et se trouverait du même coup soustraite à une appréciation, puisque toute application pourrait être tenue pour un bon candidat à la justesse de l'application.

Kripke, qui a commenté ce paradoxe, en a donné une présentation qui insiste notamment sur les points suivants : « Au moyen de ma représentation symbolique externe *et de ma représentation mentale interne*, je "saisis" la règle de l'addition » (je souligne).

> Bien que je n'aie moi-même calculé par le passé qu'un nombre fini d'additions, la règle détermine mes réponses à un nombre indéfini de nouvelles additions que je n'ai jamais effectuées.

---

1. Les *Recherches philosophiques* (*op. cit.*, § 431) suggèrent que l'abîme dont il a été précédemment question « doit être comblé par la compréhension ».

C'est là tout ce qui importe dans l'idée qu'en apprenant à additionner j'ai saisi une règle : *mes intentions passées* en fait d'addition déterminent une réponse unique pour un nombre indéfini de nouveaux cas dans l'avenir. (Je souligne à nouveau)

Dans les *Recherches*, la question est celle du langage privé. Ce que le paradoxe de la règle met en évidence, à travers l'apparente absurdité d'un jugement qui ne ferait appel qu'à une *représentation* ou une *interprétation*, c'est l'exigence d'une appréciation publique, mais également l'impossibilité, sauf à opter pour un scepticisme à la Kripke, de soumettre l'application de la règle, le fait de suivre la règle, à une interprétation. Comme nous le verrons plus précisément, dans le § 201 des *Recherches*, qui sert de référence à Kripke, Wittgenstein écrit significativement : « Il y a une appréhension de la règle qui n'est pas une interprétation », en ajoutant précisément qu'il « y a un penchant à dire ; toute action qui procède selon la règle est une interprétation. Mais nous ne devrions appeler interprétation que la substitution d'une expression de la règle à une autre »[1]. Et de ce point de vue, l'application de la règle ne peut pas consister en une interprétation ni en dépendre. C'est pourquoi la solution, chez Wittgenstein, n'a pas grand chose à voir avec la solution humienne – celle de Kripke – du problème sceptique auquel on croit avoir affaire[2]. La raison majeure en est essentiellement dans la fausse croyance que pour appliquer la règle, il faudrait

1. L. Wittgenstein, *Recherches philosophiques*, *op. cit.*, § 201, p. 127.
2. S. Kripke, *Règles et langage privé*, *op. cit.*, p. 69. Là où Kripke fait appel aux ressources de la convention, tout comme Locke, déjà, dans son *Essai concernant l'entendement humain*, Wittgenstein associe le langage et les règles à une « forme de vie », ce qui est tout autre chose.

d'abord l'interpréter, et donc en avoir au préalable, ou au moment où elle est appliquée, une interprétation[1]. Ce malentendu est en fait lié à une image qui est à la fois celle de la règle elle-même (comme nécessairement antérieure et indépendante de son application), et à une autre image que notre notion de règle véhicule, au même titre que beaucoup d'autres choses : celle de l'intériorité[2]. Sous l'effet de cette double image, on reproduit les conditions mêmes qui, dans l'empirisme humien, consacraient le clivage de ce qui appartient à la représentation et de ce qui lui est extérieur (la croyance et le jeu des idées d'un côté, la sensation de l'autre, dans ce qu'elle comporte de muet, pour ainsi dire, de nécessairement soustrait à ce qui peut se dire ou se penser, et qui débouche tout droit sur l'éternel débat du réalisme et de l'antiréalisme ou, dans le contexte de l'empirisme, à l'immatérialisme de Berkeley).

Bien sûr, tout cela ressemble fort à une aporie, dont témoigne précisément le débat, aux sources lointaines et apparemment inépuisables, du réalisme et de l'antiréalisme, avec ce qu'il comporte d'indépassable sitôt que l'on en accepte les termes. La question est toutefois moins de lui apporter une solution que de clarifier les termes du débat, sinon de changer de sujet. Deux voies, l'une suggérée par Wittgenstein dans

1. L. Wittgenstein, *Recherches philosophiques*, *op. cit.*, § 202, p. 127 : « C'est donc que "suivre la règle" est une pratique. Croire qu'on suit la règle n'est pas suivre la règle. C'est donc aussi qu'on ne peut pas suivre la règle *privatim* : sinon croire qu'on suit la règle serait la même chose que la suivre ».

2. Je renvoie à mon propre commentaire de cet aspect de la question dans *Wittgenstein et la philosophie de la psychologie*, Paris, PUF, 2004. C'est toute une philosophie de l'intériorité, critiquée par Wittgenstein, qui est associée à la question des règles, s'il faut voir dans toute application une interprétation, et à celle du langage privé.

la discussion précédemment évoquée; l'autre par Robert Brandom dans son livre *Making It Explicit*, s'imposent ici à l'attention, ne fût-ce que pour rectifier notre conception de la règle.

Par rapport à ce qui a été indiqué jusqu'ici, les suggestions que l'on trouve chez Wittgenstein et chez Brandom plaident en faveur d'une conception externaliste de la règle et de l'usage des règles. Le problème à résoudre est le suivant : comment parvenir à comprendre l'application d'une règle sans se heurter à l'obstacle majeur que constitue l'hétérogénéité de celle-ci et de ce qui en constitue l'application, dans un acte ou une série d'actes ? Comment comprendre l'idée même d'une relation entre l'injonction qui s'exprime dans un énoncé, et qui semble appartenir à la définition de la règle, et la réponse à cette injonction dans un acte ?

L'un des moyens de lever cette difficulté consiste à se débarrasser de l'idée qui associe la règle à son seul statut explicite et à la représentation qu'on est supposé en avoir. Il est clair, pour faire valoir un argument wittgensteinien, que l'application de la règle n'a pas pour condition une « représentation » de la règle : si tel était le cas, aucune règle ne pourrait jamais être appliquée, ou alors il y aurait toujours adéquation entre la règle et son application. Lorsque je multiplie, je ne me récite pas la table de la multiplication, et je n'ai pas davantage présente à l'esprit une représentation de cette table. Appliquer une règle, tout comme obéir à un ordre, suppose un *apprentissage*, un dressage. J'apprends la règle en l'appliquant, et il est clair que la seule connaissance de son énoncé ne m'est d'aucun secours. On touche ici à un point élémentaire, et toutefois crucial dont on pourrait résumer l'essentiel en disant qu'une règle n'est rien *de plus* que ses applications, ou encore qu'une règle ne contient pas *par avance* l'intégralité de ses applications. Mais plusieurs idées se bousculent ici qu'il convient de distinguer. Nous en tirerons ensuite les conséquences.

1) Ce n'est pas dans quelque *représentation* (interne) de la règle que réside le secret de son application, mais dans l'acte même de son application, publiquement observable (on retrouve ici l'argument wittgensteinien du langage privé). La règle n'a pas son existence dans l'esprit, ni « dans la tête », comme on dit parfois.

2) La capacité d'appliquer une règle s'acquiert par un *apprentissage*, et cet apprentissage ne se distingue pas de son application. Si l'on veut appeler cette capacité une disposition, on dira que cet apprentissage en est la condition, et que la connaissance de la règle en est un *effet* plus qu'une *cause*. Je connais la signification d'un mot lorsque je sais l'utiliser, et la correction de cette utilisation tient à son usage et à son appréciation publique ; de même pour la règle, je connais la règle lorsque je suis capable de l'appliquer.

3) Pour cette raison, la règle existe *implicitement* avant d'exister *explicitement*. La problématique est celle de l'*explicitation* de la règle [1]. L'implicite de la règle tient à son insertion dans un contexte public ; son explicitation est rendue possible par cette condition, enveloppée dans la définition même de la règle. Son applicabilité est également subordonnée à cette condition. L'obscurcissement lié au fait de suivre une règle repose sur l'ignorance de son caractère d'instrument. On reproduit, dans une vision intellectualiste de la règle

---

1. R. Brandom, *Making It Explicit*, *op. cit.*

(*régulisme*) le modèle du schème et du contenu, de la représentation.

4) Le fait qu'une règle ne soit donc rien de plus que ses applications permet également de comprendre : a) le fait qu'une règle et l'application d'une règle n'aient rien à voir avec un *mécanisme* ; b) le fait que la règle entre et se définit dans un processus *inférentiel*. L'idée, ici, consiste à admettre que la notion de règle ne se dissocie pas des procédures – et donc des applications – au sein desquelles elle joue son rôle normatif. En termes wittgensteiniens, ces conditions sont celles des jeux de langage et de ce qui rend solidaires, de ce point de vue, les actions et les énonciations qui en font partie ; dans les termes spécifiquement inférentialistes de Brandom, et sur un plan spécifiquement cognitif, ces procédures sont celles de ce qu'il appelle, avec Sellars, le « jeu de l'offre et de la demande des raisons », en y incluant les engagements et les attributions que ce jeu implique [1].

LES RÈGLES N'EXISTENT NI « DANS LA TÊTE » NI « DANS L'ESPRIT »

Les conceptions de la règle dont nous avons tenté d'analyser les présupposés chemin faisant sont à la source de ce que Wittgenstein considérait comme une mythologie, c'est-à-dire de confusions que le pragmatisme s'est également efforcé de dissiper en s'attaquant aux dichotomies qui structurent, pour une large part, la pensée philosophique. S'agissant

---

1. R. Brandom, *L'articulation des raisons, op. cit.*

spécifiquement de la règle, ce qui est en jeu concerne la nature et le fondement des normes. De manière générale, la réflexion wittgensteinienne sur les règles – et notamment le problème de ce que signifie «suivre une règle» – les conception inférentialistes de Robert Brandom et la contestation, chez Putnam et les philosophes pragmatistes, de la dichotomie fait/valeur[1], convergent dans une remise en question des présupposés qui ont marqué nos convictions de manière durable, et se sont prolongés dans les orientations données à nos recherches en philosophie du langage, et aujourd'hui en philosophie de l'esprit[2].

Ouvrir une discussion à ce sujet nous ferait excéder le cadre forcément limité de notre propos. On peut du moins en esquisser quelques aspects. Dans le champ du langage, c'est-à-dire des problèmes et des conceptions ayant le langage pour objet, la linguistique structurale et ses dérivées illustrent assez bien le type de malentendu auquel se prête l'idée de règle. Le structuralisme linguistique se caractérise en ceci que le langage y est conçu comme constitué par un *corps* de règles qui en déterminent le fonctionnement, c'est-à-dire les possibilités d'énonciation ; elles ont donc la valeur de normes qui ne sont pas seulement celles d'un bon fonctionnement, mais du fonctionnement tout court. On dira qu'elles sont constitutives, mais en un sens tel qu'elles définissent les lois de structure qui en déterminent les applications. Cette vision, qu'on pourrait

---

1. H. Putnam, *Fait/valeur, la fin d'un dogme*, Paris, L'Éclat, 2008.
2. Je laisse volontairement de côté les implications que cela a eu ou pourrait avoir en philosophie morale et politique, voire en épistémologie. Voir toutefois *Qu'est-ce que le pragmatisme ?*, *op. cit.*

dire « internaliste », repose toutefois sur une inversion caractéristique : les règles tenues pour jouant *implicitement* dans les usages qui leur sont liés sont en fait conçues sur le modèle de la représentation qu'elles offrent une fois *explicitées*. Elle est corrélative d'un « formalisme » et d'une primauté supposée de la syntaxe, qui renferme la possibilité de la signification dans les seules formes du langage. La linguistique générative et transformationnelle, bien qu'elle ait rétabli les droits de la diachronie sur la synchronie, a accentué à sa manière ce schéma en confiant également à la syntaxe la détermination du sens, et surtout en enfouissant dans la grammaire (profonde) la production des énoncés. Les hypothèses cartésiennes de Chomsky peuvent être tenues pour exemplaires à cet égard[1]. C'est à la structure même de l'esprit humain qu'il convient de rapporter les possibilités qui se laissent observer – et s'explicitent – dans le fonctionnement des langues humaines et dans leurs grammaires spécifiques. Dans son inspiration logicienne, la philosophie du langage héritée du positivisme logique, chez Carnap par exemple, a épousé un schéma analogue, en ce qu'elle a subordonné le langage, au moins dans son fonctionnement standard et sémantiquement pertinent, à une logique supposée en constituer à la fois le critère et le soubassement. Dans tous ces cas-là, la règle est conçue comme préfigurant et déterminant ses applications, au prix d'un « sophisme ontologique » qui consiste à rapporter au langage lui-même les schémas d'intelligibilité auxquels son étude ou son analyse permet d'aboutir dans des conditions particulières qui ne sont certainement pas celles de tout contexte pragmatique. La problématique de l'*explicitation* de

1. N. Chomsky, *La linguistique cartésienne*, Paris, Seuil, 1969.

la règle qui permettrait de mettre au jour, à partir de la considération des usages et des contextes d'usage, la dimension normative du langage, est résolument ignorée. C'est
évidemment pourquoi les présupposés qui entrent dans cette
conception de la langue et de la détermination du sens – dans
cette conception de la signification – sont solidaires d'une
philosophie de l'esprit dans laquelle elles trouvent un
prolongement naturel.

Pour dire les choses en un mot, ce prolongement est celui
d'une philosophie « internaliste » de l'esprit et de ses diverses
variantes. La première s'est illustrée dans un *langage de la
pensée* (le fameux « mentalais ») et dans l'inspiration que Jerry
Fodor a trouvée dans la linguistique chomskyenne[1]. Pour
reprendre une expression que Wittgenstein tenait pour une
source permanente de confusion, tout se passe « dans la tête »,
ou mieux « dans le cerveau », comme nous inclinent à le penser
les thèses cognitivistes.

Toutes souscrivent, sous ce rapport, à ce que Wittgenstein,
en relation avec le « corps de signification », supposé se
déplier dans des phrases, et renfermer magiquement le sens
qui s'y déploie, appelait un « corps de règles ». Le problème
résidait à ses yeux dans l'incommensurabilité de ce qui est
pensé comme règle dans les deux cas, la signification ne se
concevant pas autrement que développée, c'est-à-dire
appliquée. Cette incommensurabilité n'est toutefois pas celle
du fait et de la norme, car celle-ci ne s'impose précisément à
l'attention qu'à partir du moment où l'on donne aux règles un
statut interne. Cette réserve elle-même ne signifie pas non plus

---

1. J. Fodor, *The Language of Thought* (1975), Cambridge, Oxford UP,
2008.

la pure et simple négation de tout processus de type physiologique ou neurophysiologique, laquelle envelopperait de mystère la production de la moindre phrase ou la moindre manifestation de la pensée. La difficulté – mais en est-ce bien une ? – s'exprime en fait dans l'incapacité où nous sommes de considérer la pensée comme un processus entièrement autonome, et qui n'aurait rien à voir avec quelque processus physique que ce soit, et en même temps dans ce que comporte d'énigmatique, pour ne pas dire de purement et simplement arbitraire, le fait de tenir d'emblée, et comme par nature, les processus neurophysiologiques pour normatifs.

D'un côté, l'erreur de tout immatérialisme, qui butte sur l'évidence même de mouvements corporels que nous considérons spontanément comme pourvus de sens ou animés d'une intention – ce qui suppose une influence, sinon une causalité du mental sur le physique ; d'un autre, l'erreur de tout matérialisme qui attribue sans détours au physique le caractère du mental et la dimension normative qui semble le caractériser. Une voie ouverte par Wittgenstein dans ses remarques sur la philosophie de la psychologie, c'est-à-dire sur ce que nous appelons aujourd'hui la philosophie de l'esprit, dans son « tournant cognitif » consiste, nous l'avons vu, à cesser de se représenter la règle comme pourvue du pouvoir occulte de contenir par avance la possibilité même et le sens de ses applications. Les règles n'existent pas indépendamment de leurs applications – c'est-à-dire d'une *pratique* – et certainement pas dans la tête ou dans le cerveau. Toute vision internaliste ne fait à cet égard qu'imaginer un œil intérieur qui en contrôlerait l'*application*. Mais si l'internalisme se paye ici de mots et cède inconsidérément à une image improbable de l'intériorité, faut-il attribuer à la règle un statut intégralement *extérieur*, et qu'est-ce que cela voudrait dire ? Nous terminerons avec cette question, avec les arguments dont cette position peut se recommander, et avec les problèmes qu'elle pose au regard des arguments qui ont été rapidement développés jusqu'ici.

Le caractère public de la règle, les confusions qu'entraînent les présuppositions qui en confient l'application aux ressources de l'intériorité, plaident en faveur d'une extériorité de la règle. L'expression peut paraître étrange, non pas que les règles ne bénéficient d'aucun statut extérieur, bien au contraire puisque leur explicitation dans le langage ou dans la lettre en apportent le témoignage évident, mais l'application de la règle ne semble possible que par la médiation d'une pensée ou d'une opération de cognition, dans la mesure où ce sont des individus qui l'appliquent, et qu'ils ne peuvent le faire que sous l'effet d'une obéissance ou d'une décision. Mais ce sont précisément les individus qui appliquent les règles, et non un mécanisme qui caractériserait leur cerveau ou quelque partie de celui-ci : des individus engagés dans un « jeu de langage » ou en tout cas un jeu social fondé sur leurs interactions et leurs engagements réciproques. Qui plus est, la règle comme telle appartient à la pensée, et elle ne fonctionne comme telle que pour la pensée, sans quoi il faudrait la tenir pour aveugle, à l'image des lois de la nature, lesquelles n'ont pas à proprement parler de signification normative, excepté dans la fonction de prévision qu'elles peuvent avoir pour nous

Rapporter la règle à la pensée peut toutefois vouloir encore dire autre chose. Non pas qu'elle n'existe que dans la pensée qu'on en a, mais qu'elle est l'une des faces majeures de ce qui plonge toute règle et toute application de la règle dans un contexte social. La règle, sous ce rapport, est l'expression de la signification normative propre aux interactions dans lesquelles vient s'inscrire toute action. C'est une particularité des actions humaines de s'accomplir et de prendre le sens qu'elles ont dans un contexte d'interactions comparable à ce qu'enveloppait la notion wittgensteinienne de jeu de langage. Que nous en ayons une représentation qui en constitue la face mentale, si l'on veut, étroitement liée aux ressources du langage, ne veut pas dire que la sphère du mental en soit la source, pas même le critère, deux choses que nous pourrions difficilement distinguer. C'est un effet du langage lui-même et des suggestions de l'intériorité que de nous inciter à le croire. La règle possède un statut extérieur en ce qu'elle ne se conçoit que dans un contexte public qui constitue la véritable source des normes, et par rapport à un arrière-plan commun impliqué dans la compréhension que nous en avons. C'est aussi pourquoi elle possède un statut implicite avant de posséder un statut explicite. L'explicitation de la règle suppose le langage, et le langage lui-même ne se sépare pas des conditions (non nécessairement langagières) qui en accompagnent l'actualisation. La dépendance du langage au contexte en est une illustration, pas seulement au contexte linguistique, mais à celui des actions et des conditions d'action liées à son fonctionnement effectif, celui dans lequel seul il prend un sens. Son rapport au réel, la manière dont il s'y conjugue, n'ont rien à voir avec une fonction de représentation, car il est un outil, ce qui signifie, entre autres, qu'il intègre à son usage les deux faces que nous tentons maladroitement de raccorder lorsque nous nous demandons inopportunément comment les *mots* trouvent un répondant dans le *réel*.

Le caractère extérieur des normes, pris en ce sens-là, permet de dépasser les difficultés d'une vision « réguliste » de la règle et de l'embarras dans lequel nous place la simple question de son application.

« PLUTÔT CHANGER L'ORDRE DE MES PENSÉES QUE L'ORDRE DU MONDE »

Parvenus à ce point, toutefois, un scrupule peut encore retenir l'attention. Si la règle existe extérieurement, et si cela signifie que c'est la seule manière d'en assurer à la fois la normativité et l'applicabilité, ne faut-il pas penser qu'en adoptant une vision comme celle-là, nous n'avons fait que reculer pour mieux sauter ? J'ai contesté le vieux principe de l'incommensurabilité du fait et de la norme – ou si l'on veut des faits et des valeurs – dans le souci de neutraliser les dichotomies qui obscurcissent en permanence ce genre de question. Mais à refuser ce qui semble en constituer l'inévitable contrepartie (coordonnée), qu'avons-nous gagné sur ce plan-là ? N'est-ce pas au nom de l'irréductibilité des normes aux processus strictement physiques que nous nous sommes orientés dans cette voie ? Ne retrouvons-nous pas, même si c'est d'une autre manière, leur hétérogénéité ? Il y a peut-être là une difficulté non résolue, et qu'il me semblait pourtant important de résoudre. D'un autre côté, toutefois, n'avons-nous pas, chemin faisant, changé de pensée ? En concevant la règle comme extérieure, nous n'avons pas seulement transféré dans l'extériorité ce que nous concevions préalablement dans l'intériorité. Nous avons troqué notre conscience d'autrefois contre une autre manière d'aborder les problèmes. Nous avons essayé de comprendre la nature et la source des normes à partir du contexte de la vie sociale et des conditions impliquées dans l'idée même de règle. Si les règles existent de manière d'abord implicite, avant de s'expliciter, et si nos actions leur sont coordonnées, ce qui veut dire qu'elles ne se distinguent pas de leur application, alors l'applicabilité de la règle ne se conçoit plus sur la base d'un schéma et de conditions d'hétérogénéité. Il n'y a pas d'un côté la règle ou les normes et d'un autre les faits. Il y a des actions, en interaction avec d'autres actions, dans un contexte public, et la dimension normative qui en est indissociable, en tant simplement qu'elles possèdent un sens dans ce même contexte. Il en va ici comme de l'intention lorsqu'on dit que l'intention c'est l'acte. Ce que tout cela entraîne pour une philosophie de l'esprit – ou d'ailleurs pour une philosophie de l'action : la question de savoir, par exemple, comment tout cela s'accorde et fonctionne du point de vue des agents, en tant qu'ils sont des êtres de pensée ; ou celle de savoir comment il faut dès lors se représenter les rapports du physique et du mental, voire le physique tout court et le mental tout court ; comment les règles entrent toutefois dans le champ de la pensée et de la représentation ; que signifie le fait d'avoir des représentations par rapport à cela – appartient à une autre histoire qui s'ouvre sur une autre philosophie de l'esprit dont Wittgenstein et les philosophes pragmatistes ont utilement dessiné les contours.

TEXTES ET COMMENTAIRES

TEXTE 1

Ludwig Wittgenstein
Recherches philosophiques, § 198-202 *

198. « Mais comment une règle peut-elle m'enseigner ce que j'ai à faire à *telle* place ? Quoi que je fasse, cela est néanmoins conciliable avec la règle selon une certaine interprétation ». – Ce n'est pas ce que l'on devrait dire. Mais plutôt : Toute interprétation reste en suspens, avec ce qu'elle interprète ; elle ne peut servir d'appui à ce qu'elle interprète. Les interprétations à elles seules ne déterminent pas la signification.

« Mais alors, quoi que je fasse, cela est-il en accord avec la règle ? – Permets-moi de poser cette question : Qu'est-ce donc que l'expression de la règle – disons le panneau indicateur – a à faire avec mes actions ? Quelle sorte de connexion y a-t-il là ? – Celle-ci par exemple : J'ai été dressé à réagir à ce signe d'une façon bien déterminée, et maintenant j'y réagis ainsi.

* L. Wittgenstein, *Recherches philosophiques*, trad. fr. E. Rigal (dir.), Paris, Gallimard, 2004, § 198-202, p. 125-127.

Mais tu n'as ainsi indiqué qu'un enchaînement causal ; tu as seulement expliqué comment il se fait que maintenant nous nous dirigions d'après le panneau indicateur, et non en quoi suivre le signe consiste vraiment. Non, car j'ai également indiqué qu'on ne se dirige d'après un panneau indicateur que pour autant qu'il existe un usage constant, une coutume ».

199. Ce que nous appelons « suivre une règle », est-ce quelque chose qu'*un* seul homme pourrait faire *une* seule fois dans sa vie ? – Il s'agit là naturellement d'une remarque sur la *grammaire* de l'expression « suivre la règle ».   ·

Il n'est pas possible qu'une règle ait été suivie par un seul homme, une fois seulement. Il n'est pas possible qu'une information ait été transmise, un ordre donné ou compris, une fois seulement, etc. – Suivre une règle, transmettre une information, donner un ordre, faire une partie d'échecs sont des *coutumes* (des usages, des institutions).

Comprendre une phrase veut dire comprendre un langage. Comprendre un langage veut dire maîtriser une technique.

200. On peut certes imaginer que des membres d'une tribu où l'on ne pratique aucun jeu s'installent autour d'un échiquier, qu'ils exécutent les coups d'une partie d'échecs, et qu'ils le fassent même avec tous les phénomènes psychiques d'accompagnement. Et si *nous* les voyions, nous dirions qu'ils jouent aux échecs. Mais imagine maintenant qu'une partie d'échecs soit traduite, d'après certaines règles, en une suite d'actions que nous n'avons pas l'habitude d'associer à un jeu – des cris et des trépignements par exemple. Et imagine qu'au lieu de pratiquer les échecs sous la forme qui nous est habituelle, nos deux hommes se mettent à crier et à trépigner.

Ils le feraient de telle manière que ces processus seraient traduisibles en une partie d'échecs au moyen de règles appropriées. Serions-nous alors enclins à dire qu'ils jouent à un jeu ? Et de quel droit pourrait-on le dire ?

201. Notre paradoxe était celui-ci : Une règle ne pourrait-elle déterminer aucune manière d'agir, étant donné que toute manière d'agir peut être mise en accord avec la règle. La réponse était : Si tout peut être mis en accord avec la règle, alors tout peut aussi la contredire. Et de ce fait, il n'y aurait donc ni accord, ni contradiction.

Qu'il y ait là une méprise est montré par le simple fait que dans cette argumentation, nous alignons interprétations sur interprétations ; comme si chacune nous apaisait, du moins un moment, jusqu'à ce que nous en envisagions une autre qui se trouve derrière la précédente. Ainsi montrons-nous qu'il y a une appréhension de la règle qui *n*'est *pas* une *interprétation*, mais qui se manifeste dans ce que nous appelons « suivre la règle » et « l'enfreindre » selon les cas de son application.

C'est donc qu'il y a un penchant à dire : Toute action qui procède selon la règle est une interprétation. Mais nous ne devrions appeler « interprétation » que la substitution d'une expression de la règle à une autre.

202. C'est donc que « suivre la règle » est une pratique. *Croire* que l'on suit la règle n'est pas la suivre. C'est donc aussi qu'on ne peut pas suivre la règle *privatim* ; sinon, croire que l'on suit la règle serait la même chose que la suivre.

COMMENTAIRE

LA PRATIQUE DE LA RÈGLE

Règle et accord

La question des règles ne se dissocie pas de celle de ses applications, même s'il existe plusieurs sortes de règles et donc plusieurs manières de les appliquer[1]. Non seulement il serait dépourvu de sens, comme nous nous sommes efforcés de le montrer jusqu'à présent, de concevoir une règle qui ne se traduirait pas dans des applications, mais la question de l'application de la règle n'a elle-même de sens que par rapport à la possibilité d'une application *correcte*. Comme le suggère Wittgenstein, « les mots accord et règle sont *apparentés*, ils sont cousins. Si j'apprends à quelqu'un l'emploi de l'un, il apprend du même coup celui de l'autre »[2].

---

1. Dans le commentaire qu'il donne de cette question chez Wittgenstein, Brandom souligne à juste titre que le mot « règle » prend au moins trois sens dans les *Recherches philosophiques* : un sens que l'on peut appeler « constitutif », un sens « régulateur » et un troisième sens, là où on a affaire à des comportements qui impliquent une assomption normative (*Making it Explicit*, *op. cit.*, p. 64).

2. L. Wittgenstein, *Recherches philosophiques*, *op. cit.*, § 224.

Ce double aspect de la règle trouve une manifestation d'apparence paradoxale dans la philosophie pratique de Kant à propos de l'impératif catégorique. Ce que la règle y prescrit – ou ce qui s'y énonce – réclame sa mise en œuvre adéquate, bien que cette « correction » présente un côté invérifiable en ce qu'elle fait appel à un principe – celui d'une obéissance « par devoir » – soustrait à toute authentification empirique. En même temps, toutefois, la relation de la règle à son application, ainsi que le type de nécessité qui lui est associée, ne concerne cependant pas seulement *ce que* la règle prescrit : la règle elle-même ne peut être tenue pour facultative, à la différence de ce qui se passe pour les règles en général, toujours sujettes à un choix.

On pourrait être tenté de penser que cette double propriété de la règle ne vaut que pour l'impératif catégorique kantien, ou tout au plus pour les commandements moraux, tandis que d'autres, plus techniques, ne prennent leur sens prescriptif que quant à *ce qu'*ils énoncent, une fois que l'on en a admis ou choisi le principe, comme pour ce que Kant appelait, pour cette raison, des impératifs « hypothétiques »[1]. D'une personne qui déplace des pions sur un échiquier, sans manifestement se soucier des règles qui correspondent à ce que nous appelons le jeu d'échecs, je dirai un peu rapidement qu'elle ne sait pas jouer, et s'il s'agit d'un enfant je dirai peut-être qu'il joue en un sens très indéterminé pour dire qu'il trouve du plaisir à ces déplacements comme tels, fussent-ils aléatoires, ou alors que je n'en saisis pas le sens parce que je ne sais rien de son intention. Nul n'est tenu de jouer aux échecs, aux dames ou au go

---

1. E. Kant, *Fondements de la métaphysique des mœurs*, *op. cit.*

lorsqu'il déplace les pions qui correspondent à ces jeux sur le plateau qui leur est destiné[1]. La règle qui consiste à suivre les diverses prescriptions d'un jeu ou de l'harmonie sur le clavier d'un piano n'a elle-même rien d'*obligatoire*. D'un autre côté, toutefois, sauf à imaginer d'autres règles, et dans ce cas un autre jeu, la règle n'a qu'en apparence un caractère facultatif, car elle fait intrinsèquement partie, de ce que nous appelons « jouer aux échecs » ou à un quelque autre jeu semblable.

Cela ne veut pas dire, strictement parlant, que nul n'échappe à la règle, mais on peut donner à ce qui se profile ici plusieurs significations qui ne sont pas indifférentes pour la question qui nous occupe. En premier lieu, comme pour la moralité, nos activités, quelle qu'en soit la nature, se révèlent aisément investies par des règles, et nous ne pourrions que difficilement imaginer une *activité* qui n'en impliquerait aucune, dès lors qu'elle se voit reconnaître le bénéfice d'un sens et qu'elle s'inscrit dans un contexte public. C'est le propre de ce que nous appelons une *activité* – peu importe que nous en réservions ou non le privilège aux êtres humains – que de posséder un caractère normatif, et par conséquent, d'une manière ou d'une autre, d'être associée à des règles. La seule conséquence que nous devons en tirer est que le champ des

---

1. C'est l'occasion d'observer, à propos de l'intention justement, que rien ne nous oblige à attribuer aux intentions la dimension normative dont les règles sont indissociables, dès lors qu'on y voit un état ou un événement mental, considéré comme tel, ce qui montre qu'à la différence des règles, on peut toujours les concevoir indépendamment d'un contexte et d'un engagement publics. Il va sans dire que leur pouvoir explicatif s'en trouve limité d'autant. Voir la remarque de L. Wittgenstein, *Recherches philosophiques*, *op. cit.*, § 205.

règles demande à être étendu bien au-delà de ce qui s'énonce explicitement. C'est probablement l'un des malentendus majeurs de la tradition philosophique, dans de larges pans de son histoire, que d'avoir restreint le concept de règle – et par voie de conséquence de la normativité – aux seuls principes susceptibles d'une formulation ou explicitement formulés.

La double extension du champ de la règle et de la normativité qu'appellent les restrictions incriminées débouche sur des conceptions qui entrent dans une approche *pragmatiste* de la règle dont nous avons précédemment tracé les contours, au moins sous quelques aspects significatifs. La philosophie de Wittgenstein, vers laquelle le premier texte nous invite à nous tourner, ainsi que les voies ouvertes plus récemment par Robert Brandom, auxquelles nous nous intéresserons plus précisément par la suite, constituent deux pièces maîtresses d'une telle reconception. À ce titre, elles réclament une attention particulière. Il va sans dire, néanmoins, que les positions qui s'y expriment sont indissociables de controverses dont la discussion sur les normes apporte aujourd'hui le témoignage, et que de ce point de vue le choix de ces auteurs tient notablement à l'option que nous avons prise. D'autres auteurs auraient également eu ici leur place[1], dans la mesure où les aspects qui retiennent notre attention communiquent avec

---

1. Des auteurs « classiques », Hume par exemple, ou des auteurs comme Davidson ou Searle, pour ne retenir que ces deux noms. Le débat est en partie entre ce qu'on a pris l'habitude d'appeler l'*externalisme* et l'*internalisme*. Voir, à ce sujet, P. Jacob, « Normes, communauté et intentionnalité », *Revue Européenne de Sciences Sociales*, XL, 124, 2002 (disponible sur le site *revues.org*).

d'autres questions qui, comme celle de l'intentionnalité, en sont partie prenante [1].

Qu'est-ce qu'une application correcte ?

Nous venons de le rappeler, il n'y a de règle à proprement parler que par rapport à une application *correcte*. Inversement, c'est à cette seule condition que la notion d'une application prend elle-même un sens, car c'est la seule raison qui peut nous conduire à dire, à propos d'un principe, d'une prescription ou d'un ordre qu'on a affaire à une règle. Dans les *Recherches philosophiques* de Wittgenstein, les problèmes liés à cette conception de la règle se concentrent dans la question de savoir en quoi consiste le fait de « suivre une règle » ou, pour dire les choses autrement, quel type de *connexion* présuppose le concept de règle entre ce qui en tient lieu et les actions qui en découlent ou y trouvent leur détermination, et d'autre part, quel type de conditions nous permettent de dire, d'une application de la règle, qu'elle est une application correcte de celle-ci. Pour Wittgenstein, comme il le précise dans la remarque 199, il s'agit d'une question de *grammaire*, ce qui signifie que cette question est partie prenante de notre *concept* de règle, et par conséquent qu'elle engage nos façons conséquentes de parler, celles qui sont impliquées dans notre langage et dans la possibilité de lui reconnaître un sens. La remarque a son importance, car elle situe l'analyse de la

1. Comme l'observe P. Jacob (« Normes, communauté et intentionnalité », art. cit., p. 30), le problème que pose Kripke, à propos du « paradoxe de la règle », fait appel à une conception de l'intentionnalité « selon laquelle la propriété sémantique d'une représentation, la signification d'un mot, le contenu d'un concept, la vérité d'une croyance sont des propriétés intrinsèquement normatives ».

question sur un plan qui est celui des engagements implicites dans nos jeux de langage, et non pas sur un plan *ontologique* qui nous ramènerait à d'autres perspectives sur la *nature* de l'esprit ou de la rationalité[1].

Plusieurs obstacles se dressent devant cette question et tendent à l'obscurcir. Le premier, pour nous en tenir à l'essentiel, réside dans une conception *causale* de la règle ou dans une confusion entre deux types de détermination, celle qui est contenue dans le concept même d'une application de la règle, comme étant ou devant être suivie – appliquer une règle, c'est en effet exécuter une action ou une série d'actions *déterminée* par ce que la règle commande – et le genre de détermination propre aux relations de cause à effet. Dans ce cas, l'application est conçue comme un effet déterminé par la règle, investie d'une puissance causale.

Dans les passages des *Recherches* que nous avons choisi, c'est la constatation d'une absence de caractère *commun* entre la *règle* et l'*action* qui en constitue l'application qui pose la question d'une « relation causale ». Wittgenstein substitue à cette hypothèse un appel à la « coutume », ce qui signifie à la fois que la « réponse » que constitue l'application n'est pas de l'ordre d'un effet à une cause, sur un modèle behavioriste par exemple ; que l'apprentissage que cela suppose n'est pas non plus de cet ordre, et qu'elle ne peut pas être le fait de la réaction d'*un* individu, ni d'une réaction qui se produirait *une seule fois*. Comme lorsqu'il s'agit du langage, « Comprendre une

---

1. À la différence du point de vue de Kripke, dont on peut dire qu'il fait intervenir un point de vue ontologique. On rattachera à cette question la distinction que Brandom introduit entre ce qu'il nomme *sentience* et *sapience*. Voir *infra*, p. 116.

phrase c'est comprendre un langage. Comprendre un langage veut dire maîtriser une technique ».

Une « relation causale », au reste, ne supprime pas ce qui sépare la règle de son application (de l'action dans laquelle on *reconnaît* son application); bien au contraire elle l'entérine, là où il faudrait parvenir à penser *à la fois* la règle et son application. L'idée que c'est dans la pratique que cela se conçoit est décisive sous ce rapport, mais elle suppose que soit réaménagé le concept de règle et qu'on en réintègre la *pratique* dans un contexte beaucoup plus large que Wittgenstein désigne sous la notion de « forme de vie ».

Sous ce rapport, l'appel à la causalité est l'expression d'une confusion, en ce qu'une interprétation causale prive la règle et l'application de la règle de leur signification *normative*. Une naturalisation de la règle, à supposer qu'on en admette le principe, ne peut épouser ce schéma, car sous prétexte de ne pas faire du champ des règles un domaine à part qui reproduirait les dualismes dans lesquels le problème de l'application des règles trouve sa source, on dissout cette question dans une *prédétermination* qui n'est plus de nature normative, mais mécanique. Si une règle doit valoir comme norme, elle ne peut pas jouer le rôle d'une cause supposée produire ses effets. La possibilité d'additionner correctement deux chiffres est-elle subordonnée à la capacité de réagir aveuglément à des *stimuli* symboliques, comme pourrait nous le laisser croire un apprentissage des tables d'opérations arithmétiques ? Le fait que nous les apprenions – comme des normes – plaide déjà contre cette hypothèse, et le fait que nous considérions comme correctes certaines applications, tandis que d'autres seront tenues pour incorrectes, nous interdit de nous ranger à cette manière de voir. Nous ne dirions pas de la trajectoire d'un mobile qu'elle est « correcte » au regard des lois de la gravitation. Il se trouve que les lois de la gravitation, comme toute loi du reste, peuvent se voir attribuer une signification normative, puisqu'elles sont supposées déterminer – *régler ?* – ce qui se produit dans la nature, et il n'est pas jusqu'à nos actions qui ne le présupposent ou n'en tiennent compte ; mais cette normativité est celle des *lois*, c'est-à-dire des énoncés que *nous* investissons de ce statut, et auxquelles nous attribuons une signification déterministe ou probabiliste. Si la question de la correction se pose, c'est celle de la *loi*, pas de ses « applications ». Et s'il y a ou doit y avoir un rapport entre les normes et les lois – puisqu'il nous faut bien en un sens distinguer ces deux termes – ce ne peut être qu'en ce que les lois ou la notion de loi sont solidaires d'une normativité dont elles sont *investies*, non pas *par* la nature ou *dans* la nature, mais en tant que produits d'une élaboration spécifique devant répondre à cette fin et par rapport aux *engagements* que suppose notre rapport au vrai.

Une règle admet-elle des interprétations ?

Les conceptions causales de la règle entrent encore en rapport avec un autre type de difficulté que résume le « paradoxe » sur lequel Wittgenstein concentre son attention au § 201[1]. Nous en examinerons plus loin les aspects sur lesquels Robert Brandom s'est plus particulièrement concentré. Ce paradoxe est d'abord lié à l'idée que l'application d'une règle suppose une interprétation de celle-ci, et par conséquent à

---

1. Cf. *supra*, p. 73.

l'émergence d'une indétermination qui se prête à des doutes sceptiques que Saul Kripke, dans son commentaire, s'est efforcé de mettre en évidence dans la perspective de leur apporter une solution[1].

Dans le § 201, l'idée de la subordination de l'application de la règle à une interprétation semble offrir la possibilité d'une alternative à l'explication causale. Schématiquement, on dira que si l'idée d'une relation causale est impuissante à rendre compte de la connexion que suppose l'application de la règle, c'est que cette connexion fait appel à une opération de la pensée, supposée fournir la médiation qui fait défaut – on suppose dans ce cas qu'une médiation est nécessaire.

Comme pour la signification d'un mot, la question étant en effet de savoir comment une compréhension ou une connaissance de la règle peut garantir son application à *telle* ou *telle* place, en telle ou telle occurrence, et puisqu'on ne peut compter sur une prédétermination, une interprétation ne peut-elle être tenue pour nécessaire? En pareil cas, toutefois, comment pourrait-on s'assurer que nous avons affaire à la *bonne* interprétation? Une interprétation sera toujours possible, qui permettra de mettre ce que l'on fait en accord avec la règle, si bien qu'à la place de la *détermination* dont nous avons besoin nous aurons une *indétermination*. Il est à peine besoin d'observer qu'il n'y a alors *que* des interpré-

---

1. S. Kripke, *Wittgenstein On Rules and Private Language*, Oxford, Basil Blackwell, 1982. L'article de P. Jacob («Normes, communauté et intentionnalité», art. cit.) en donne une présentation qui permet d'en saisir les enjeux sur le plan des rapports entre normes et intentionnalité. Voir aussi J. Bouveresse, *La force de la règle*, Paris, Minuit, 1987, et J.-P. Cometti, *Philosopher avec Wittgenstein*, Tours, Farrago, 2001.

tations et plus de règle du tout. Aussi *faut-il* qu'il y ait « une appréhension de la règle qui [*ne* soit *pas*] une *interprétation* », y compris dans le cas où cette « interprétation » se présente comme « la substitution d'une expression de la règle à une autre »[1].

En réalité, nous n'avons toutefois affaire à une difficulté *que* si nous réduisons l'analyse de la question à une alternative ne nous donnant le choix qu'entre *deux* possibilités *soit* une explication causale, *soit* une explication qui fait appel à un événement mental jouant le rôle d'un *tertium quid*, lequel pourra être considéré *ou* comme s'apparentant à une interprétation *ou* comme venant s'inscrire à son tour dans un schéma causal, de sorte que le cercle se referme.

Le « paradoxe » présumé n'a quant à lui de sens que pour une conception qui fait dépendre l'application d'une interprétation, comme Kripke feint de le croire ; il entre en relation avec ce que Wittgenstein s'attache à mettre en lumière à propos de la signification, c'est-à-dire avec les hypothèses que sa notion d'*usage* permet de récuser, en particulier les hypothèses causalistes et les hypothèses mentalistes, qu'elles soit associées à une vision psychologiste ou à une conception réaliste et platonisante.

---

1. L. Wittgenstein, *Recherches philosophiques*, *op. cit.*, § 201. Une telle « substitution » est ce qu'on peut appeler une « traduction ». Il ne semble pas, contrairement à ce que pense Brandom, que Wittgenstein limite ce qu'il appelle une « interprétation » à l'exemple d'une telle substitution. Toutefois, en laissant de côté tous les problèmes que pose la notion de traduction, il n'est pas jusqu'à l'hypothèse d'une substitution reposant sur une correspondance *stricte* entre les deux expressions de la règle qui ne présuppose, de toute façon, une compréhension *préalable* qui ne soit *pas* une interpétation.

La question cardinale demeure donc celle d'une application *correcte* de la règle. Quel type de connexion faut-il concevoir, entre la règle et ses applications, qui permette de *faire la différence* entre une application correcte et une application incorrecte ? S'il me fallait penser que cette connexion est de la nature des causes et des effets, il est clair – bien que la notion de correction soit ici inappropriée pour des raisons que nous avons déjà évoquées – que je n'aurais aucune raison de tenir quelque application que ce soit pour incorrecte. Je pourrais seulement considérer, tout au plus, que la même règle est susceptible de produire plusieurs effets différents[1], selon des facteurs ou des circonstances à déterminer. Mais ces circonstances demanderaient à être intégrées à la définition de la règle – si du moins on devait encore parler de règle – de sorte que nous n'aurions plus affaire à une règle, mais à deux ou davantage. Autrement dit, le lien qui unit une règle à ses applications est tel qu'il *exclut* cette possibilité passablement aberrante[2].

Revenons toutefois quelques instants sur la lecture de Kripke. Nous avons vu que dernier, qui transpose sur ce point un argument de Nelson Goodman[3], imagine une interprétation de l'addition qui, dans le cas de l'addition de deux nombres : *68* et *57*, ne donnerait pas *125*, mais *5*, en raison d'une (interprétation de la) règle aux termes de laquelle la règle ordinaire de l'addition ne s'applique que si les nombres additionnés

---

1. Cette possibilité ne convient ni à la notion de cause ni à celle de règle.

2. Voir *infra*, le texte de R. Brandom, p. 101.

3. N. Goodman, *Faits, fictions et prédictions*, « La nouvelle énigme de l'induction », trad. fr. P. Jacob, Paris, Minuit, 1985.

$(x+y)$ sont inférieurs à 57. Dans tous les autres cas, $x+y=5$[1]. Pour des raisons variables, il se peut qu'une personne supposée additionner ces deux nombres tienne le résultat 5 pour correct parce que pour elle additionner (telle était son intention) signifiait « quaditionner ». Sans revenir en détail sur l'argumentation de Kripke, on conviendra que si l'idée d'un tel résultat introduit un doute sur l'application de la règle, c'est précisément parce que là où nous pensions avoir affaire à *une seule* règle, nous en avons en réalité *deux*, au demeurant concurrentes – l'une n'étant pas à proprement parler la traduction de l'autre – même si elles consistent également à additionner des chiffres. D'où vient, toutefois, que nous puissions tenir – à l'image de Kripke – ce double résultat pour troublant, au point de jeter la suspicion sur le principe de l'application d'une règle ? Faut-il réellement penser que rien ne détermine l'application d'une règle *univoquement*, parce que nous ne pouvons pas savoir avec certitude quelle règle est appliquée ? On a l'impression – ce qui constitue un sens possible de ce que nous nommons une *interprétation* – que le choix se fait *in petto* et que tout dépend par conséquent de la signification que chacun donne à la règle par devers lui, ce qui n'est pas sans présenter un air d'étrangeté par rapport aux pratiques communes[2].

---

1. Rappelons que Kripke appelle « quus » (*quaddition*) la règle : $x \oplus y = x + y$ si x, $y < 57$ et $= 5$ dans tous les autres cas (*Règle et langage privé*, *op. cit.*, p. 19).

2. C'est bien l'impression que donne Kripke, avec toute la bizarrerie que présentent généralement les arguments sceptiques en ce qu'ils nous prennent toujours en défaut dans nos raisonnements ou nos activités les plus ordinaires, celles qui sont le plus incrustées dans nos formes de vie. À la limite, la possibilité qu'il imagine ressemble à un jeu de devinettes : « Devines ce que je fais.

La question présente plusieurs facettes. Elle reçoit un éclairage de l'exemple, imaginé par Wittgenstein, de personnages qui, par leurs cris et leurs trépignations, pourraient être dits jouer aux échecs, dès lors que ce qu'ils font, en se comportant de la sorte, est une traduction des règles du jeu d'échec, tel que nous avons l'habitude de le jouer. Une telle traduction pourrait être tenue pour une interprétation ou du moins correspondre à ce que nous appellerions aussi une traduction, c'est-à-dire à une transposition du jeu dans un ensemble de gestes et de sons coordonnés de manière à correspondre aux coups *constitutifs* du jeu d'échecs. Indépendamment de la question de savoir comment s'assurer que nous avons bien affaire à une « traduction », en ce sens-là, pourrions-nous réellement y voir, comme Wittgenstein nous invite à nous le demander, une *manière* de jouer aux échecs ? Voilà qui est pour le moins douteux, d'abord parce que ce n'est pas ce que nous avons l'habitude d'appeler « jouer aux échecs », et aussi parce que ce que nous pouvons légitimement appeler une *manière* de jouer aux échecs ne signifie pas que les

Tu croyais que j'additionne, eh bien non je "quaditionne" ! Tu as perdu ». La solution « humienne » apportée par Kripke à ses doutes sceptiques permettrait certes de penser, le cas échéant, que ses interrogations ne font que valider l'appel à la convention qui lui permet finalement de s'en libérer. Mais ce « conventionnalisme », loin de les dissoudre, ne fait que les accentuer ou les ramener dans le débat, puisque ce ne sont *que* des conventions, avec tout ce que cela suppose d'arbitraire et finalement de contingent. C'est peut-être le propre du scepticisme, sitôt qu'il est introduit, de ne jamais pouvoir être totalement évacué, à moins d'évacuer avec lui la question qui lui a donné naissance. Ces quelques remarques devraient suffire, en tout cas, à exclure qu'en parlant de paradoxe, Wittgenstein avait en vue un « scepticisme des règles ». En fait, cette seule hypothèse est étrangère à la question parce qu'elle s'exclut de tout champ normatif.

règles en sont modifiées ou transposées au gré des joueurs[1]. Quel sens cela aurait-il de dire que je parle le français si j'en transposais les règles dans un langage de gestes, par exemple, voire dans une autre langue ? Il n'y a guère qu'en musique où la transposition d'un thème peut encore être considérée comme le *même* thème, mais c'est parce que seule la tonalité change (la *manière*, en quelque sorte), pas la règle (la composition), et aussi parce que la question du sens ne s'y pose pas de la même façon.

Les règles constitutives d'un jeu le constituent comme le jeu qu'il *est*, ce que nous *entendons* par *ce* jeu, et les coups qui en font partie. Comme je ne peux pas dire de qui « quadi-tionne » qu'il « triche », je dirai donc qu'il joue un *autre* jeu, et dans ce cas il n'y a même pas lieu de parler d'*interprétation*. Nous sommes ainsi ramenés à la question majeure posée par Wittgenstein, celle du type de connexion entre règle et appli-cation de la règle, en un sens peut-être un peu plus clair qui permet de tenir pour indissociable la *connexion* supposée comme telle et la *correction* de l'application. Il est certes possible de mal appliquer une règle, c'est-à-dire d'échouer à l'appliquer correctement, comme lorsque je me trompe dans mes calculs ou lorsque je fais une fausse note ; en un sens, toutefois, appliquer réellement une règle, c'est l'appliquer *correctement*, et effectivement l'*appliquer* ! Cette question et celle de la connexion ne font qu'un, et pourtant cette

---

1. Changer de règle équivaut à changer de jeu. Cela ne veut cependant pas dire qu'un jeu est quelque chose de rigide ni qu'il est intégralement régi par des règles, sans quoi il faudrait imaginer une règle qui en régisse les règles, et ce serait retomber dans le genre de perplexité auquel il s'agit de se soustraire. Voir L. Wittgenstein, *Recherches philosophiques*, *op. cit.*, § 84. Il y a pour ainsi dire du « jeu » dans un jeu.

connexion ne peut pas être causale, car la possibilité doit être préservée, aussi paradoxal que ça paraisse, d'une méprise ou d'une mauvaise application. Mais cette méprise ne peut être imputée à une interprétation (autre ou mauvaise), car s'il en était ainsi l'application de la règle serait subordonnée à un type d'appréciation qui laisserait planer la possibilité que, moyennant une certaine interprétation, l'application puisse toujours être mise en accord avec la règle.

L'apprentissage, la coutume

Si la question de la connexion ne peut donc décidément pas se résoudre dans une interprétation, c'est qu'elle doit nous permettre de savoir si la règle est appliquée sans que nous ayons à entrer dans un type d'analyse qui nous entraînerait, comme nous le verrons un peu plus loin, à la recherche de la bonne interprétation de l'interprétation, c'est-à-dire dans une régression sans fin. Comme le suggère Wittgenstein dans les *Recherches philosophiques*, et comme il le rappelle précisément à propos des règles, vient un moment où la bêche se retourne et c'est là qu'il devient absurde de vouloir creuser davantage [1].

Que la question de la connexion soit décisive, c'est aussi ce que montre le fait que la simple identification externe des applications ou du moins de ce qui semble en tenir lieu ne suffit même pas à établir que la règle est suivie. Il en va un peu ici comme de ces singes fous qui, tapant au hasard sur le clavier

---

1. L. Wittgenstein, *Recherches philosophiques*, *op. cit.*, § 217 : « Dès que j'ai épuisé les justifications, j'ai atteint le roc dur et ma bêche se tord. Je suis alors tenté de dire "c'est ainsi justement que j'agis" ».

d'une machine à écrire, produiraient un ensemble d'inscriptions correspondant trait pour trait au roman de Cervantès, *Don Quichotte*. L'inscription a beau être *la même*, ce qu'ils produisent n'*est pas* le roman de Cervantès, pas même une copie. Et ce n'est pas tant une question d'intention, comme on est tenté de le croire, mais là encore de *connexion*. La connexion fait défaut entre quelque chose qui doit être de l'ordre d'une règle et son application [1].

Si donc la question de la connexion est bien décisive, comment s'en assurer? Comment faisons-nous pour savoir qu'une règle est suivie? Si aucune interprétation n'est en cause, puisque cela compromettrait la possibilité même d'une connexion, s'il ne s'agit pas ni ne peut s'agir de vérifier, de quelque manière, que ce qui se passe dans l'esprit de celui qui obéit est en accord avec la règle (comment le saurions-nous), si nous devons tenir pour non pertinente toute relation causale, quelles possibilités nous reste-t-il?

On butte ici sur une difficulté qui n'est pas très différente du halo de mystère qui entoure la signification. Si la signification d'un mot devait être considérée comme une *propriété* qu'il possède, et qui demande par conséquent à être reconnue, nous serions fondés à admettre que cette reconnaissance passe

---

1. L'exemple paraîtra étrange. À quelle règle répondrait l'écriture d'un roman? En premier lieu, écrire un roman ou quoi que ce soit de semblable, c'est l'écrire dans une langue; en second lieu, ce que nulle règle permettrait de déterminer à l'avance peut néanmoins être considéré comme investi d'une dimension normative (et être de l'ordre de la règle par conséquent) au regard de la troisième catégorie de règle qui entre sous cette notion chez Wittgenstein, celles qui sont impliquées dans une pratique, sans que cette pratique elle-même soit l'effet d'une règle, au sens de l'application d'une règle explicite et admise comme telle.

par un acte de l'esprit (un événement mental) distinct, qui poserait à son tour la question des conditions sous lesquelles un lien peut être établi entre le mot et l'acte mental considéré, ce qui reviendrait peut-être à supposer quelque chose comme une interprétation, avec les mêmes difficultés que celles de la juste application de la règle et la conséquence d'une compréhension toujours différée. La signification d'un mot n'est pas une « propriété » du mot; sa signification, c'est sa *compréhension* et la question se situe sur ce terrain. Il y a ici comme un parallélisme entre comprendre un mot et suivre une règle : la règle requiert sans doute une *compréhension*, pas une *interprétation*; de même que connaître la signification d'un mot c'est le comprendre, c'est-à-dire être capable de l'*utiliser*, suivre une règle, c'est être capable de l'appliquer et la seule chose que nous ayons à nous demander porte sur cette capacité. C'est ainsi qu'il faut entendre ce que suggère Wittgenstein en faisant appel à des apprentissages, voire à ce qu'il nomme parfois « dressage » pour indiquer que c'est dans des *actes*, et non pas dans la *pensée*, que cette capacité s'éprouve et se réalise [1].

La connexion qui se révèle pour nous une source de perplexité repose sur ce que nous savons de la règle pour l'avoir *apprise*, c'est-à-dire *appliquée*. On comprend aussi par là pourquoi, comme nous l'avons soutenu dans notre propos, une règle n'est rien de plus que ses applications.

---

1. Le mot « dressage » permet de mettre en relief l'entrelacement du *langage* avec des *activités* (une pratique) qui est au cœur de la notion de « jeu de langage » (L. Wittgenstein, *Recherches philosophiques*, *op. cit.*, § 7) et des apprentissages, c'est-à-dire le type de connexion que suppose également la notion d'usage et, par voie de conséquence celle de règle et d'application de la règle.

Wittgenstein parle aussi de « coutume ». C'est un obstacle à la compréhension de ce que signifie « suivre une règle » que celui qui consiste à se représenter cette possibilité comme une connexion qui s'effectue dans l'esprit, comme si cela supposait une reconnaissance et une identification de la règle qui serait le fait de *chacun* et serait donc subordonnée à des événements privés. L'importance accordée aux apprentissages signifie, sous ce rapport, qu'il n'entre aucun élément « privé » dans l'application d'une règle. Il est tout aussi absurde d'imaginer une règle qui ne vaudrait que pour un seul individu qu'une règle qui ne serait appliquée qu'une fois. Il n'y a de règle que dans un contexte public et en raison de ce que des individus partagent avec d'autres individus. On observera, quitte à revenir sur ce que nous avons déjà eu l'occasion de souligner, que c'est un attendu de la notion de « jeu de langage » que de placer le sens des mots en relation avec des actions, dans un contexte d'*interaction*, ce qui exclut par avance que le langage puisse avoir une dimension privée. Ce sont ces interactions qui sont déterminantes, et c'est pourquoi on peut écarter, comme sources permanentes de confusion, aussi bien l'idée de propriétés intrinsèques (ce qui est un peu l'idée de Cratyle, dans le dialogue de Platon du même nom) que celle de la convention, conçue comme un corrélat de celle de l'arbitraire (à la manière d'Hermogène dans le même dialogue).

Les attendus de la notion de jeu de langage recoupent, d'une certaine manière, le pragmatisme de John Dewey, en ce qu'ils privilégient les interactions, et par conséquent se soustraient à l'illusion qui consisterait à la fois à donner une signification privée au langage que nous utilisons et à considérer que c'est à la faveur d'une sorte particulière de contrat que nous parvenons cependant à communiquer et à nous comprendre[1]. Le langage ne suppose pas seulement l'interlocution, qu'il intègre et qui le constitue, comme Wittgenstein a contribué à nous en convaincre; il possède une dimension sociale dont il est rigoureusement indissociable, et qui est moins l'effet de conventions que d'interactions, c'est-à-dire de formes de coopération et d'échanges dont les mots, lorsqu'on les isole de leur usage, ne sont que la face réifiée. C'est le propre de la philosophie, comme Wittgenstein l'a également suggéré, d'être animée par une propension à soustraire les mots à leur usage public, c'est-à-dire à la fois à leur fonctionnement et à leur insertion dans des contextes d'actions et de croyances partagées. Nous n'avons pas ici à nous prononcer sur la question de savoir jusqu'à quel point les problèmes philosophiques en sont issus, mais si une chose est sûre, c'est que la double nature des interactions dont le langage n'est pas séparable est à même de nous dissuader de dissocier les mots de leur usage, que ce soit en leur prêtant des propriétés intrinsèques, en les reliant à des événements mentaux qui en seraient eux-mêmes dissociables, en leur attribuant une signification privée ou en les considérant comme le produit de conventions. Il n'en va pas différemment de la règle, laquelle ne se dissocie pas de ses applications, et par conséquent des contextes et des modalités d'apprentissage auxquels la connexion qu'elle présuppose est subordonnée.

---

1. Soit dit en passant, sur ces différents points, il existe une étonnant proximité entre ce que suggère la lecture de Wittgenstein, et ce qu'on peut lire, à propos de la signification et du langage, dans le chap. 5 du livre de J. Dewey, *Experience and Nature*, *op. cit.*

Règles, jeux de langage et interactions

Ces remarques ne présentent pas seulement la particularité de faire apparaître toute la dimension sociale du langage et des règles. Elles permettent aussi de mettre en lumière : 1) la dimension sociales des normes ; 2) leur champ d'extension ; 3) leur subordination à des règles.

La notion wittgensteinienne de « jeu de langage », au-delà des innombrables commentaires qu'elle a inspirés, met elle-même clairement en évidence la nature sociale du langage, de la signification, et de leur dimension également normative. Les manœuvres qui, à chaque fois que le mot « dalle » est prononcé, se passent une dalle, sont engagés dans un double processus d'échange : ils échangent des *mots* et des *actes*, dans le cadre de finalités poursuivies en commun sur le mode de la coopération. Si l'on ajoute que les mots qu'ils échangent ont une signification prescriptive qui renvoie à une règle qu'ils mettent en pratique en faisant ce qu'ils font, on conviendra aisément qu'aucune des composantes qui entrent dans ce processus, dans son ensemble, ne peut être séparé de la signification – de la fonction – qu'elle y assume, des inter-actions dont elle est partie prenante, et que dans une situation de ce genre il n'y a pas de place pour une « interprétation ». Une interprétation, si elle devait intervenir, ou bien interrom-prait le processus, le compromettrait, ou alors le transformerait en une autre chose, comme cela peut se produire lorsqu'on mime un jeu ou qu'on le représente [1].

---

1. En un certain sens, une représentation ou une imitation est une interprétation. Or, justement, il ne viendrait à l'idée de personne de dire que c'est la même chose que ce qu'elle représente ou imite sans que cela en annule

Les mots mêmes qu'ils échangent ne réclament rien de plus, quant à leur signification, que la place qu'ils occupent dans le processus; ils fournissent un exemple qu'on pourrait dire primitif – comme ce jeu de langage lui-même – ou concentré, de ce qui constitue la signification d'un mot, c'est-à-dire de son usage. On pourrait être tenté de penser que « dalle », dans ce « jeu », signifie ou veut dire : « passe-moi une dalle! », et que par conséquent c'est en quelque sorte ce que ces hommes ont *à l'esprit* lorsqu'ils prononcent ce mot. Et pourtant non! Le mot dalle n'a pas besoin d'être interprété comme une abréviation[1]. Penser cela, ce serait transposer le jeu de langage dont il s'agit ici – dans cette situation-là et pas dans une autre – dans un autre jeu de langage, peut-être plus élaboré, mais qui ne serait pas le même, peut-être parce qu'il inclurait un autre type de considération, voire de rituel social, que celui qui s'y trouve ici limité à des gestes simples et à des paroles qui contribuent à les régler.

En même temps, cet exemple de jeu de langage permet de mettre en lumière la parenté des questions relatives à la signification avec celles qui concernent plus spécifiquement les règles. « Dalle » possède un sens « prescriptif », puisqu'il déclenche un comportement approprié qui ressemble à

---

l'idée même. La simple distinction de la règle et d'une interprétation de la règle implique qu'il y a bien quelque chose qui n'est pas une interprétation, si bien que la distinction entre une interprétation de la règle et une application de la règle doit être impérativement maintenue – je ne devrais jamais pouvoir dire d'une application qu'elle est une (certaine) interprétation – et que l'application ne devrait pas davantage être tenue pour soumise à une interprétation, sauf à fragiliser cette distinction.

1. L. Wittgenstein, *Recherches philosophiques*, *op. cit.*, § 19, 20.

l'application d'une règle – la règle serait à peu près celle-ci :
« lorsque le mot dalle est prononcé par l'un des partenaires du
processus en jeu, un autre partenaire, désigné à cet effet, est
tenu de lui faire passer une dalle, et ceci sans autre limite que
celle des mots prononcés ». Ici, la relation avec une règle – non
explicitée – tient en partie à la nature de l'activité en jeu.

On pourrait dire que c'est encore une fois l'usage qui joue
ici un rôle déterminant, au cœur de ce qui constitue la dimension sociale ou publique du langage et des normes. Il ne s'agit
pas du tout de l'effet d'une mécanique sociale qui produirait
ses effets de manière coercitive – comme dans la sociologie
d'inspiration durkheimienne – mais plus simplement de ceci
que si nos usages du langage doivent être rapportés à des situations d'interaction – ou de communication, si l'on veut – qui
en déterminent la signification, comme le suggère le jeu des
manœuvres, alors il convient de voir dans ces usages non
seulement la condition de la signification, mais la règle des
usages à venir – ou potentiels – des expressions considérées.
Un mot, en ce sens, reçoit sa règle d'utilisation des usages qui
lui sont associés ; dire d'un mot qu'il a tel ou tel sens, c'est
lui attribuer la capacité d'être utilisé comme pourvu de sens
dans un ensemble de situations auxquelles il est déterminé
à jouer son rôle, bien que cette détermination ne soit en rien
mécanique.

Cet aspect – qu'on peut appeler *normatif* – de la
signification repose pourtant intégralement sur un ensemble
de *faits* : les *usages* effectifs d'un terme. Mais justement, c'est
en cela que la norme, si c'en est une, n'a pas d'autre corrélat
que les usages qui lui correspondent, de même que la règle,

comme nous l'avons vu, n'a pas d'autre corrélat que ses applications. Simplement, cela n'est possible – et c'est pourquoi on peut y voir un témoignage – qu'en ce que ces usages sont des usages partagés, dans des situations partagées, sur un modèle qu'on pourrait dire « interactionniste » en pensant à ce que les pragmatistes et les sociologues de Chicago ont spécifiquement défendu[1].

On se demandera, certes, si cette manière de voir n'étend pas exagérément le champ de la règle, au risque d'y diluer tout ce qui prend à nos yeux un sens normatif. Ce risque, si c'en est un, trouve en partie sa résolution dans la mise en lumière d'un double statut de la règle sur lequel nous avons déjà insisté, et dont nous examinerons plus particulièrement les attendus à partir des suggestions de Robert Brandom. Le rôle des interactions, au sens où nous en avons parlé, peut être tenu pour constitutif en ce sens que c'est la nature sociale des processus dont elles sont solidaires qui explique ou du moins permet de comprendre – puisqu'il nous en semble indissociable – la dimension normative qui en fait partie[2]. Elle y joue le rôle d'une règle, mais de manière non explicite, et la première forme ou fonction qu'elle y prend est celle d'une coordination des actions impliquée dans le sens et la possibilité de ces actions comme telles. S'il fallait se la représenter comme antérieure à celles-ci ou comme déterminant les actions – ses

---

1. Voir J.-P. Cometti, *Qu'est-ce que le pragmatisme?*, *op. cit.*, chap. VII et VIII.

2. Observons bien que dans une telle conception, vers laquelle la pensée de Wittgenstein est tournée, la norme ne *transcende* pas les usages; elle n'est pas davantage l'émanation d'une « conscience collective »; elle est immanente aux processus.

applications – individuellement, elle cesserait par là même d'avoir cette signification. On retomberait dans l'une des images de la règle qui en obscurcissent la nature et s'opposent à la compréhension des normes en termes de règles, puisqu'on la soustrairait aux processus dans lesquels elle se constitue, et qu'on serait alors amené à restreindre les normes à l'ensemble des règles (aussi vaste soit-il) dûment formulées. Une telle restriction ne manquerait pas seulement quelque chose d'essentiel ; elle consacrerait l'autonomie présumée des règles et en rendrait l'application à la fois mystérieuse et soumise à une indétermination de principe.

Si cet obstacle peut être évité, c'est parce que les interactions qui se laissent entrevoir dans le concept wittgensteinien de jeu de langage impliquent des engagements spécifiques, et la première forme de ces engagements est celle qui consiste à assurer la coordination des actions, de la même manière que le langage, considéré dans sa face pragmatique, est implicitement investi des engagements sans lesquels sa fonction de communication serait compromise. Bien entendu, dans un cas comme dans l'autre, on ne peut faire l'économie des contradictions performatives qui peuvent s'y loger, mais précisément l'existence de ces contradictions atteste des normes immanentes à la communication et à l'interlocution. Aussi est-on fondé à penser les normes en termes de règles, mais on est d'autant plus fondé à le faire que la notion de règle ne recouvre que pour une part les règles explicites.

Il en résulte aussi que le champ de la règle ne recouvre pas *uniformément* celui des actions humaines. Il en va comme des jeux de langage – sans quoi il faudrait imaginer une « règle des règles ». Un ordre est une règle et une règle est une

sorte d'ordre, pour reprendre la grille d'analyse à laquelle
Wittgenstein soumet cette notion, mais ni la notion de règle, ni
celle d'ordre, pas plus que celle de jeu, ne relèvent d'un
modèle qui demeurerait identique en chacune de ses occur-
rences. Un ordre comme « Apporte-moi une pomme rouge ! »,
en ce qu'il commande une action, est bien une règle, que
l'on peut détailler comme Wittgenstein dans les pages des
Recherches où il s'efforce de saisir la connexion entre l'ordre
et l'action[1]. Comme pour le panneau, dans le texte que nous
avons choisi, qu'y a-t-il de commun entre l'expression de cet
ordre dans le langage et les actions que je dois effectuer pour y
répondre adéquatement ? Comme pour le panneau, l'exécution
de cet ordre – et donc sa compréhension, lesquelles ne font
qu'un – réclame un apprentissage qui va très au-delà de ce
qui s'y trouve directement impliqué (comprendre l'ordre, et
donc un langage, savoir identifier une pomme, distinguer les
couleurs, etc.)[2]. À côté de cela, des règles comme celle de
l'addition, si elles sont des ordres, le sont d'une manière différente. Je n'obéis pas à un ordre lorsque je décide de totaliser le
nombre de kilomètres que j'ai effectués dans la journée, mais
le fait de suivre la règle qui consiste à ajouter des unités les
unes aux autres n'en est pas moins implicitement un ordre, au
sens où je ne peux à la fois additionner et m'y soustraire. Qui
plus est, la correction du résultat implique le même genre de
condition que le fait de rapporter une pomme rouge lorsqu'on
me le demande.

---

1. L. Wittgenstein,   *Recherches   philosophiques*,   *op. cit.*,   § 185-191
notamment.
2. *Ibid.*, § 19, 20.

Ce qui différencie les règles et interdit de les inscrire dans un ensemble homogène ou uniforme est de même nature que la pluralité et l'hétérogénéité des jeux de langage : « Nous reconnaissons que ce que nous nommons "proposition", "langage", n'est pas l'unité formelle que j'avais imaginée, mais une famille de formations plus ou moins apparentées entre elles »[1].

---

1. L. Wittgenstein, *Recherches philosophiques*, *op. cit.*, § 108.

TEXTE 2

ROBERT BRANDOM
*Making it Explicit**

En tant que règles, les normes explicites présupposent des normes implicites dans des pratiques, car une règle qui spécifie comment une chose doit être faite pour être correcte (comment un mot doit être utilisé, comment un piano doit être accordé), demande à être appliquée dans des circonstances particulières est essentiellement une chose que l'on peut accomplir correctement ou incorrectement. Une règle, un principe ou un ordre ne prend un sens normatif pour des actions que dans le contexte de pratiques déterminant comment il sont correctement appliqués. Pour toute exécution particulière et pour toute règle particulière, il y aura toujours des manières d'appliquer la règle telles qu'elles en interdisent

---

* R. Brandom, *Making it Explicit. Reasoning, Representing, and Discusive Commitment*, Cambridge (Mass.), Harvard UP, 1994, « Wittgenstein's Regress Argument », p. 20-21. La présente traduction est de J.-P. Cometti. Voir, par ailleurs, *Rendre explicite*, vol. 1, trad. fr. I. Thomas-Fogiel (dir.), Paris, Le Cerf, 2010.

l'exécution, et des manières qui en autorisent ou en réclament l'application. La règle ne détermine les propriétés de l'action que lorsqu'elle est correctement appliquée.

Si les corrections de l'action ne sont déterminées par des règles que par rapport à l'arrière-plan de la correction de l'application de la règle, comment cette correction doit-elle être comprise ? Si la conception réguliste de toutes les normes en tant que règles est juste, alors les applications d'une règle doivent elles-mêmes être comprises comme correctes dès lors qu'elles s'accordent avec une autre règle ; c'est à cette seule condition que la conception de la règle joue un rôle explicatif qui en fait le modèle de compréhension de toutes les normes. Une règle pour appliquer la règle, c'est ce que Wittgenstein nomme une « interprétation » (*Deutung*). « Il y a un penchant à dire : Toute action qui procède selon la règle est une interprétation. Mais nous ne devrions appeler "interprétation" que la substitution d'une expression de la règle à une autre »[a]. La question de l'autonomie de la conception intellectualiste des normes, présupposée par la thèse qui fait des règles la forme du normatif, revient à la question de savoir si le normatif peut être compris comme règle intégralement, ou si le fait d'avoir le caractère d'une règle dépend d'une sorte plus primitive de convenance *pratique*. C'est ce que soutient Wittgenstein. Les règles ne s'appliquent pas d'elles-mêmes, elles ne déterminent la correction de l'action que dans le contexte de pratiques distinguant les applications incorrectes des applications correctes des règles. Concevoir ces convenances pratiques d'application comme gouvernées elles-mêmes par

a. *Recherches*, § 219.

des règles, c'est s'embarquer dans une régression. Tôt ou tard, le théoricien devra reconnaître l'existence de distinctions pratiques entre ce qui est approprié et ce qui ne l'est pas, en admettant le caractère approprié selon une pratique aussi bien qu'en l'accordant à des règles ou à des principes explicites.

Cet argument de la régression montre que la conception platonicienne des normes comme règles n'est pas autonome, et ne décrit donc pas la forme fondamentale de la norme. « À quoi ressemble un jeu intégralement déterminé par des règles ? Un jeu dont les règles ne laissent pas de place au doute, mais bouchent tous les trous – ne pouvons-nous pas imaginer une règle qui règle l'application de la règle ? Et un doute que *cette* règle lève – et ainsi de suite ? » [b]. Dans chaque cas, le doute porte sur la possibilité d'une erreur, d'une mauvaise application, d'une action incorrecte, par exemple, dans l'application d'une règle. Ce qui est important, c'est qu'il appartient à une règle d'évacuer ce doute, d'établir ce qu'il est correct de faire, seulement pour autant qu'elle est correctement appliquée. Aucune suite d'interprétations ne peut éliminer le besoin d'appliquer les règles finales, et cela implique toujours par soi-même qu'une norme soit assumée. Toute interprétation appliquée incorrectement nous induit en erreur. La règle dit comment faire une chose seulement si l'on suppose qu'on peut faire quelque chose d'autre correctement, à savoir appliquer la règle.

[…] [1]

b. *Recherches*, § 84.

1. Ici, Brandom cite intégralement le paragraphe des *Recherches philosophiques* où Wittgenstein introduit le paradoxe de la règle (§ 219, cf. *supra*, p. 73).

COMMENTAIRE

NORMES EXPLICITES ET NORMES IMPLICITES

L'explicite et l'implicite

En commentant ainsi les aspects sous lesquels l'analyse wittgensteinienne des règles se montre solidaire d'une philosophie pratique prenant sa source dans une interrogation sur les applications et le type de connexion dont elles supposent la mise en œuvre, nous nous sommes passablement éloignés des conceptions que nous avons tenté d'écarter au cours du présent ouvrage. La possibilité de mettre en lumière ne fût-ce que les traits majeurs des philosophies qui en ont fourni l'illustration au cours de l'histoire nous y est interdite. Une rupture a peut-être été marquée, comme nous l'avons partiellement indiqué, par la manière dont Kant a posé à nouveaux frais la question de la rationalité dans sa philosophie. Robert Brandom crédite significativement celle-ci d'un renouveau et d'un élan sur lesquels il convient de revenir rapidement.

Que la critique kantienne ait contribué à mettre en relief l'importance des questions pratiques n'est plus à démontrer. Le seul fait de poser le principe d'une « raison pratique » en constitue un élément majeur généralement reconnu[1]. Les appréciations auxquelles ce tournant a donné lieu dans l'histoire de la philosophie se sont le plus souvent concentrées sur sa signification pour la morale. En même temps, les distinctions qu'il implique – en particulier entre un point de vue pratique et un point de vue théorique – ne sont pas sans entériner par avance les dilemmes sur lesquels débouche l'analyse weberienne des sociétés modernes et du rôle que la rationalité y a joué, en posant dans les termes d'un divorce entre deux types de rationalité, et par conséquent de règles, celles qui relèvent d'une rationalité des moyens (*Zweckrationalität*) et celles qui s'inscrivent dans le champ éthique, apparemment abandonné à des choix qui lui sont étrangers[2]. Jürgen Habermas, en intégrant à sa propre analyse de la modernité les acquis de la philosophie du langage, et ce qui se fait jour dans la conception kantienne du jugement – au titre des « prétentions » qui sont à l'œuvre dans le langage et dans les actions socialisées – a tracé une voie par rapport aux apories auxquelles se heurte la conception kantienne

---

1. La rationalité est dès lors étendue des *raisons* aux *actions*, quelles que soient par ailleurs les difficultés sur lesquelles débouche le maintien d'une distinction entre le sensible et l'intelligible dans la critique kantienne, comme Hegel y a tout particulièrement insisté, et d'autres après lui, à propos de la moralité, source de « conscience malheureuse » et par voie de conséquence hypocrite.

2. Les analyses bien connues de Max Weber à ce sujet le conduisent à compléter l'analyse de la rationalité instrumentale par une « éthique de la responsabilité », qui reste d'essence subjective et échappe à une stricte analyse des « raisons ». Voir les deux conférences du livre *Le savant et le politique*, Paris, 10/18, 1996.

lorsqu'on la limite strictement à la sphère pratique, c'est-à-dire morale [1].

Ce que la philosophie kantienne du jugement permet d'entrevoir, à contre-courant des conceptions qui n'en retiennent que la face propositionnelle, n'est toutefois pas si éloigné de ce que laisse supposer la philosophie wittgensteinienne des jeux de langage, en ce que l'on peut y voir à l'œuvre une conception des normes qui ne sépare pas le jugement des engagements qu'il implique, et qui permettent déjà de prendre toute la mesure d'une réflexion sur les règles d'un point de vue pragmatique. Le vrai et l'universalité ne sont pas seulement des *propriétés* des jugements – ou du moins de certains – que cette propriété leur soit attribuée en fonction de ce qui s'y manifeste d'*adéquation* dans un hypothétique rapport au réel (les phénomènes) ou à l'intuition pure (s'il s'agit par exemple des jugements mathématiques). Le jugement esthétique lui-même (dans lequel s'exprime plus généralement la *faculté de juger*), témoigne d'un rapport à l'universel d'un autre ordre, puisqu'il renferme une « prétention » dans laquelle se manifestent les engagements dont il est solidaire, et dont il va sans dire qu'ils ne se limitent pas à la seule sphère des jugements esthétiques.

De ce point de vue, la dimension normative du jugement est constitutive, et son expression – comme énonciation – en est la face visible, raison pour laquelle la « sociabilité » qu'il

---

1. Voir J. Habermas, *Théorie de l'action communicationnelle*, trad. fr. J.-M. Ferry, Paris, Fayard, 1987. La philosophie des actes de langage est au principe des « prétentions » qui sont impliquées à titre de conditions pragmatiques dans nos énoncés, et des perspectives que cela ouvre pour une analyse des dimensions de la rationalité et des modes de justification rationnelle de nos pratiques.

présuppose et par rapport à laquelle il prend tout son sens n'est en rien contingente[1]. Les philosophies de la subjectivité et de l'intersubjectivité ont largement sous-estimé, pour ne pas dire ignoré, cette dimension décisive qui trouve sa pleine mesure dans l'interlocution et dans les engagements qu'ils impliquent dans des situations partagées.

Plus fondamentalement, toutefois, le rôle attribué par Kant au jugement est au cœur du déplacement que sa philosophie a permis d'effectuer des concepts et des catégories au *propositionnel*. C'est l'acte permettant d'articuler des concepts qui en fait des outils au service de la connaissance ; les concepts, en eux-mêmes, ne sont que des abstractions. D'autre part, la force des jugements, leur force assertionnelle, est entièrement solidaire des engagements qu'ils renferment. Le fait que, dans la *Critique de la raison pure*, l'analytique transcendantale se règle sur une table des jugements en apporte le témoignage immédiat[2]. Pour Brandom, cette révolution, somme toute assez copernicienne, elle aussi, a joué un rôle majeur au regard de ce que des philosophes comme Frege et Wittgenstein ont ensuite permis d'entreprendre :

1. Pour dire les choses autrement, l'une des caractéristiques majeures du jugement de goût, sous ce rapport, tient à ce que l'accord qui peut s'y faire jour en est un accomplissement, et non pas l'effet de circonstances fortuites, et en même temps à ce que cette possibilité est l'une de ses conditions. Le jugement de goût est, par définition, d'essence *subjective*, mais il ne prend un sens, en tant que tel et non pas en tant que simple expression d'une « impression » que par rapport à un contexte *public*. *Subjectif* ne signifie pas *privé*, comme le subjectivisme nous incite inopportunément à le croire.

2. E. Kant, *Critique de la raison pure*, trad. fr. Tremesaygues et Pacaud, Paris, PUF, 1944. Les commentaires perplexes que ce choix a inspiré à certains commentateurs de Kant témoignent de l'incompréhension qui a frappé cet aspect pouvant être tenu pour majeur de sa philosophie.

L'une des vues historiques de Kant, confirmée et garantie par Frege et Wittgenstein, réside dans la reconnaissance de la *primauté du propositionnel*. La tradition prékantienne tenait pour assuré que l'ordre propre de l'explication sémantique commence par une doctrine des concepts ou des termes, divisés en singuliers ou généraux, dont il est possible de saisir le contenu sémantique indépendamment du, et antérieurement au, contenu sémantique des jugements. C'est en faisant appel à ce niveau élémentaire de l'interprétation qu'une doctrine des jugements explique la combinaison de concepts en jugements, et en quoi l'exactitude des jugements qui en résultent dépend de ce qui est ainsi combiné et de la manière dont il l'est. Kant rejette cette idée. L'une de ses innovations cardinales consiste à soutenir que l'unité fondamentale de conscience ou de cognition, le minimum qui se puisse saisir, est le jugement[1].

Pratiques et conventions : le cercle de la règle

Making it Explicit développe le même point de vue. Le livre s'ouvre toutefois sur des analyses qui nous ramènent à Wittgenstein en nous plaçant dans une perspective permettant de mettre en relief – plus précisément que nous ne l'avons fait jusqu'à présent – les conclusions décisives qu'il entraîne pour une approche pragmatiste des règles. Les bénéfices qu'on peut espérer en recueillir prolongent les vues de Wittgenstein dans un sens qui vise notamment à se substituer, sous le concept de l'« offre et de la demande des raisons », à une approche représentationnelle, comme celle qui a dominé ou domine encore l'approche du langage, de la signification et de l'intentionnalité. Les voies ouvertes à ce sujet avec *Making it Explicit*

---

1. R. Brandom, *L'articulation des raisons, op. cit.*, p. 269.

privilégient un *inférentialisme* qui étend aux problèmes de la pensée et de l'esprit la critique pragmatiste du «représentationnalisme», et la notion d'un enracinement pratique des croyances et des normes[1]. En cela, la philosophie de Brandom s'accorde avec une inspiration dont Peirce et Dewey furent les pionniers – non sans faire appel à des apports ou à des discussions qui ont plus précisément marqué les développements de la philosophie analytique depuis Quine – mais aussi avec la contribution que la discussion wittgensteinienne sur les règles aura apportée sur ces questions[2].

L'un des principes de cette convergence se laissait déjà entrevoir dans la manière dont Dewey, en un sens qu'on pourrait dire proche de Wittgenstein, privilégiait le rôle des verbes dans ses suggestions sur les problèmes de l'esprit : on néglige trop souvent, observait-il, que «mind is a verb»[3]. Wittgenstein, dans ses *Remarques sur la philosophie de la psychologie*, partait d'un point de vue semblable en centrant ses analyses sur les «verbes psychologiques»[4]. C'est toutefois la manière dont Brandom mobilise l'analyse wittgensteinienne des règles qui permet d'en saisir les enjeux. À contre-

---

1. En ce sens, le livre se situe dans le prolongement du livre de R. Rorty, sans doute décisif de ce point de vue, *Philosophy and the Mirror of Nature* (*L'homme spéculaire*, trad. fr. T. Marchaisse, Paris, Seuil, 1985).

2. Je renvoie aux aperçus qui concernent cette question dans mon *Qu'est-ce que le pragmatisme ?, op. cit.*

3. J. Dewey, *L'art comme expérience*, Tours, PUP-Farrago, 2006 ; rééd. Paris, Gallimard, 2010.

4. L. Wittgenstein, *Remarques sur la philosophie de la psychologie* et *Études préparatoires*, trad. fr. G. Granel, Mauvezin, TER, 1994, ainsi que mon examen de la question dans *Wittgenstein et la philosophie de la psychologie*, *op. cit.*

courant du type de commentaire que Kripke en a donné en faisant du « paradoxe de la règle », explicitement mentionné par Wittgenstein comme un point central, le motif d'un doute sceptique, Brandom y trouve la source d'un argument qui neutralise les confusions liées à l'idée d'une interprétation de la règle – l'idée que la règle puisse être interprétée ou réclame une interprétation – et qui rétablit de la sorte, au lieu et place d'une solution *sceptique*, forcément conventionnaliste – le principe d'une résolution *pratique* des doutes thématisés par Kripke.

Ce n'est pas par hasard que l'appel à des conventions, au titre d'une solution, peut paraître se conjuguer, dans l'analyse kripkéenne, à un arrière-plan mentaliste d'une « représentation » variable de la règle justifiant des différences dans son exécution, voire, de manière sous-jacente, à une association de son application à *une* représentation et à une *dissociation* corrélative de la *règle* – ou de la notion de règle – et de son application *correcte*. Or, comme nous l'avons précédemment remarqué, non seulement la conception d'une règle enveloppe l'idée de son application (et par conséquent de sa correction), mais il n'y a, *stricto sensu*, d'application de la règle *que* correcte. On ne peut pas dire d'une règle qui n'a pas été correctement appliquée qu'elle a été appliquée. C'est ce que fait justement valoir Brandom dans *Making it Explicit*, en soulignant que « La règle détermine les propriétés de l'action seulement lorsqu'elle est correctement appliquée ».

Au demeurant, l'appel à des conventions n'est pas de nature à régler cette question ; elle ne fait que la reporter – selon un processus *régressif* qui précisément marque aussi la question des règles lorsqu'on suppose que son application

réclame une interprétation. Ce malentendu n'est probablement pas sans rapport avec les suggestions du langage privé,
et plus généralement avec une image de l'esprit commune au
cartésianisme et à l'empirisme, aux termes de laquelle ce qui
se constitue de manière interne ne peut ensuite publiquement
s'accorder qu'au prix de conventions dont l'idée de contrat
résume la nature et le caractère circulaire. Il est significatif,
par exemple, que l'analyse de la signification en termes de
« marque », chez Locke, aboutisse à un résultat de ce genre dès
lors que se pose la question du type d'accord que réclame le
langage dans sa fonction publique [1]. De ce point de vue, l'une
des suggestions majeures de la philosophie de Wittgenstein est
de rompre ce cercle en conjuguant, dans la notion de règle – en
posant comme nous l'avons vu la question de la connexion –
arbitraire et normativité. La « force de la règle » ne tient pas à
un consensus dont elle serait l'objet, mais au fait qu'elle se
constitue dans une pratique [2].

C'est ce que souligne Brandom : « Les règles ne s'appliquent pas d'elles-mêmes, elles ne déterminent la correction
de l'action que dans le contexte de pratiques distinguant
les applications incorrectes des applications correctes des
règles ». L'erreur qui nous conduit à ignorer ou à sous-estimer
cet enracinement pratique des règles possède plusieurs
visages ; elle est au cœur du « paradoxe » mis en relief par
Wittgenstein. Comme cela est patent dans les remarques qu'il

---

1. J. Locke, *Essai sur l'entendement humain*, livres III et IV, trad. fr.
J.-M. Vienne, Paris, Vrin, 2006.
2. L. Wittgenstein, *Recherches philosophiques*, *op. cit.*, § 241 : « c'est dans
le *langage* que les hommes s'accordent. Cet accord n'est pas un consensus
d'opinion, mais de forme de vie ».

lui consacre, et comme Brandom le met clairement en lumière, le principal aspect du paradoxe réside dans la régression auquel il nous expose dès lors qu'on subordonne l'application de la règle à une interprétation, à la manière de Kripke. S'il faut une règle pour déterminer l'application – correcte – de la règle, alors rien ne peut garantir que la règle sera jamais appliquée. Wittgenstein ne dit pas qu'*il y a* un paradoxe de la règle. Ses remarques introduisent dans l'examen de la question deux points de vue, comme dans une sorte de dialogue. En 198 et en 201, c'est-à-dire dans les deux paragraphes où est introduit le doute qui frappe l'application de la règle, on trouve à la fois l'expression d'une hypothèse (le doute) et la rectification qui permet de s'y soustraire ou de la contrebalancer. Il se pourrait, croit-on, qu'aucune règle ne nous permette de savoir ce que nous devons faire pour l'appliquer (correctement). Dans ce cas, la règle serait privée de son pouvoir de détermination : n'importe quelle manière d'agir pourrait en effet toujours être mise en accord avec la règle. Mais, quitte à nous répéter, une telle indétermination ne permettrait plus de savoir en quoi consiste le fait d'appliquer la règle *correctement*, ce qui priverait de sens la notion et l'usage même du concept de règle. Il n'en serait ou ne pourrait en être ainsi que si, faisant appel à une interprétation – à laquelle la règle nous paraîtrait subordonnée – on se refusait à ancrer cette interprétation quelque part, autrement dit si l'on admettait, conformément à ce que suggère pourtant l'herméneutique, qu'il n'y a *que* des interprétations, au sens où comprendre revient à interpréter. L'interprétation resterait dès lors «en suspens», pour reprendre l'expression de Wittgenstein : nous n'aurions plus le moyen de savoir ce qui est interprétation et ce qui ne l'est pas. Pour dire les choses autrement, comme la signification, la règle doit être soustraire à l'interprétation ; mais pour qu'il en soit ainsi, le genre de connexion que supposent et la règle – entre son expression et son application (correcte) – et la signification – entre le signe et son usage (correct) doit être fondé sur autre chose que sur quelque intermédiaire (mental ou symbolique, supposé à tort effectuer le lien). La réaffirmation, par Wittgenstein, de l'apprentissage comme condition d'une pratique, qui noue la règle et son application, est ce qui permet de dépasser l'aporie : « il y a une appréhension de la règle qui *n'est pas une interprétation* ».

Le « régulisme » et ses malentendus

Le cercle de la règle n'en est un qu'en apparence. Dans l'analyse que Brandom en donne, il permet à la fois de mettre en évidence la nature ou l'ancrage pratique des règles, et de mettre au jour aussi bien l'existence du double statut de la règle précédemment invoqué que l'un des défauts majeurs de la conception qui associe l'idée de norme à celle de règle *explicite*.

Le « régulisme » est le nom que Brandom donne à la conception qui assimile les normes à des règles explicites, et qui du même coup limite le champ de la norme aux règles formulées, en même temps qu'elle se prête au type de paradoxe auquel nous expose l'idée d'interprétation. L'idée, dans le domaine juridique, que la « loi » se prête à des interprétations, et qu'elle se révèle de ce fait variable dans ses applications en donne une illustration familière ; le fait, corrélativement, qu'il faut un cadre régulateur à la loi, par exemple des règles « constitutionnelles » dans le champ politique – par rapport aux lois votées part un parlement ou adoptées par décret – renforce la conviction qu'il faut une règle ou des règles des règles. Bien entendu, nous avons affaire à un fait qu'il serait difficile de controverser, mais dans lequel on peut voir une confirmation d'un trait qui concerne les lois établies, c'est-à-dire élevées à un statut explicite que nul, comme on dit, n'est censé ignorer. Dans ce cas, il n'est pas étonnant qu'une convention soit supposée en fournir le fondement. Parce qu'elles sont individualisées, nos sociétés enveloppent comme une condition de leur possibilité un contrat qui autorise – du moins on le suppose – un accord de base à partir duquel un accord peut s'établir entre les différents possibilités d'application de la loi lorsque celles-ci se prêtent à des interprétations éventuellement variables. La contrepartie en est toutefois les innombrables recours toujours possibles, qui laissent supposer une marge d'interprétation dans les sentences qui en sont inspirées, et d'autre part – ce qui apporte un témoignage de déterminations faisant appel à un une instance distincte, et finalement plus *fondamentale* – la nécessité de s'en remettre, lorsque les circonstances rendent cela inévitable, à des usages avérés qui contraignent à une modification de la norme.

L'assimilation des normes aux règles *explicitées* est toutefois bien loin de rendre compte de ce qui les constitue, aussi bien que de leur extension. S'il fallait s'en tenir à celles-ci ou à une conception qui les identifie au statut explicité qu'elles prennent le plus souvent à nos yeux, on ne s'exposerait pas seulement aux difficultés dont nous avons eu un aperçu, on se ferait également une idée fausse de leur nature sociale – l'idée qu'elles sont « conventionnelles » au sens que nous avons écarté – et l'on s'interdirait de voir en quoi les activités humaines sont investies par des normes – y compris celles que nous rapportons à des faits. Il s'agit au demeurant de l'une des toutes premières thèses qui orientent l'analyse de d'idées conçues de manière mentaliste, c'est s'en remettre à la mauvaise catégorie de modalité, c'est-à-dire à une forme de nécessité causale, au lieu de la bonne, c'est-à-dire celle du rationnel ou du cognitif[1].

Sous ces différents rapports l'intérêt de la réflexion wittgensteinienne sur les règles est au fond de mettre en évidence la priorité du point de vue normatif. Le fait de rendre solidaire la question de la règle et celle de ses applications, en la subordonnant à la correction de celles-ci, constitue un point décisif; le fait d'en écarter toute considération causale en constitue également un aspect majeur. Mais cette approche repose en même temps sur la supposition d'un statut implicite de la règle et de sa priorité. La mise en évidence, à cet égard, de la circularité qui affecte la question de l'application des règles, sitôt qu'on y voit la marque d'une interprétation est également décisive, car c'est la possibilité d'y échapper en rapportant cette application à une pratique qui permet de montrer l'existence d'un double statut *implicite* et *explicite*, et de faire de l'un la condition de l'autre. «Il y a», dit Brandom dans un passage qui prolonge celui que nous avons choisi[2], «un genre de correction qui ne dépend pas de justifications explicités, une sorte de correction de la pratique en tant que telle». Certes, comme il l'observe encore :

> l'argument de la régression ne fournit pas de lui-même une conception des propriétés de la pratique, mais il montre du moins qu'à défaut nous serions dans l'incapacité de comprendre comment les règles peuvent codifier le type de correction qu'elles codifient.

1. R. Brandom, *Making it explicit*, *op. cit.*, p. 12.
2. Cf. *supra*, le texte cité, p. 101.

La question de l'invention

L'une des questions que pose l'existence de règles à tous les étages et pour tous les aspects des actions humaines consiste à se demander comment cette omniprésence des règles ou de la norme est compatible avec ce que nous nous représentons ordinairement comme une capacité d'invention, donc avec quelque chose qui, à un certain moment, est susceptible d'introduire une rupture, de changer la donne dans le cours ordinaires des affaires humaines.

On peut ainsi être aisément amené à exclure du champ des normes et de l'application des règles, les activités qui nous semblent précisément se caractériser par cette faculté l'invention : l'art, par exemple, peut-être la science. Ce serait toutefois céder au type de malentendu que la conception défendue dans ce petit ouvrage vise à neutraliser. De manière assez générale, ce malentendu tient à ce que l'on considère le type de détermination associé à la règle – eu égard à ses applications – comme enveloppé *dans* la définition de la règle, conformément à une idée que Wittgenstein a amplement critiquée, et qui confère à la règle un potentiel couvrant entièrement le champ de ses applications présentes et à venir. Le régulisme, au sens où nous en avons parlé, favorise certainement cette représentation des choses et ce qu'elle ignore, à savoir, rappelons-le : 1) qu'aucune règle ne détermine à l'avance le champ tout entier de ses applications ; 2) que les règles ne constituent en rien un *a priori* ; 3) que le type de nécessité qui leur est associé trouve sa source dans la *pratique*, et plus précisément dans les *interactions* qui leur donnent leur caractère public.

Les *engagements* et le type d'assomptions qui entrent dans leurs applications constituent le cœur de ce qui donne aux règles leur force, et cela signifie qu'elles n'ont en quelque sorte de compte à rendre qu'à ce qui en constitue la vocation sociale ou en tout cas à ce qu'elles impliquent d'engagement de ce point de vue. Leur face implicite ou le caractère implicite d'un grand nombre de règles suppose que l'on rende compte de leur *explicitation*, mais c'est leur assimilation erronée au statut qu'elles prennent lorsqu'elles s'explicitent ou lorsqu'elles sont explicitées qui nous conduit à les constituer en obstacles à l'innovation. D'une certaine manière les mythologies auxquelles elles se prêtent y contribuent à leur manière. Il est par exemple permis de considérer que sous ce rapport le structuralisme, dans ses différentes versions, est l'une de ces mythologies. En évacuant le sujet, il a posé le principe d'une autonomie des règles par rapport à laquelle leur application, n'étant pas tenue pour constitutive, ne peut en représenter que l'actualisation ou l'instanciation. Toutes proportions gardées, il en va un peu comme dans les philosophies qui posent l'antériorité du possible – comme potentialité pure – sur le réel, et laissent ainsi supposer que ce qui se produit n'introduit jamais dans celui-ci rien de plus que ce qui s'y trouve prédéterminé[1].

La réponse à cela, sauf à réduire les événements et les actions humaines à des lois de structure qui les enveloppent intégralement – c'est le principe même d'une mythologie de la règle ou d'une règle des règles – conduit à poser des disconti-nuités du genre de celles que Foucault entendait substituer à

---

1. Y compris l'« existence » si l'on pense à l'analyse kantienne de la preuve ontologique de l'existence de Dieu dans la *Critique de la raison pure*.

notre vision habituelle de l'histoire. La contrepartie en était, comme on sait, l'incommensurabilité des socles qui en constituent la tectonique. Si toutefois il n'y a pas de «corps de règles»; si, comme pour les jeux de langage, les règles sont plurielles et diversement apparentées; si, en outre, elles se constituent dans les processus pratiques et socialisés qui sont à la source des normes, il n'y a pas de raison de penser qu'elles excluent l'innovation. Ce qu'elles excluent, c'est que des pratiques individualisées, considérées comme privées, puissent leur être soustraites et s'y substituer.

À cet égard, la manière dont l'art a conquis son statut autonome, dans nos sociétés, est la source de bien des confusions. Kant, bien qu'il tienne le concept d'art pour solidaire du concept de règle – «tout art possède ses règles» – en est néanmoins victime lorsqu'il confie au génie le soin de donner sa règle à l'art. Des activités qui, comme cela peut être le cas pour la production artistique, nous paraissent irréductiblement individuelles et singulières, ne peuvent pour autant être étrangères à toute règle, ni davantage instituer leurs *propres* règles, au sens où le génie consisterait précisément à faire émerger, à titre exemplaire, une ou des règles qui échapperaient à l'appréciation commune et qui dépendraient d'initiatives privées, sans commune mesure avec quelque socle commun. Les *usages*, les *manières de faire* auxquelles on attribue la production et l'innovation artistiques n'ont qu'en apparence le caractère privé qu'on est tenté de leur attribuer parce qu'elles échappent ou peuvent du moins échapper à ce que recouvre le champ des règles explicitées. Dans la mesure où elles opèrent à travers des gestes qui ne sont pas ceux d'un homme nu, qui serait né du premier jour, et où elles prennent un sens – ne peuvent prendre un sens – que dans un contexte et chez un être socialisés – possédant des croyances, un langage, un bagage d'apprentissages variés – elles sont investies par des normes qui leur préexistent, et elles sont animées, à ce titre, des potentialités normatives qui s'y trouvent impliquées. L'implicite de la règle, le fait qu'une règle n'ait rien à voir avec un mécanisme qui en déterminerait l'application, la pluralité et l'hétérogénéité des règles s'ouvrent bien au contraire sur des possibilités d'innovation dont l'art est partie prenante.

Kant était certainement beaucoup mieux inspiré lorsqu'il attribuait au jugement de goût une « prétention à l'universel » qui contrebalance, en un sens, les malentendus qui entourent la question de la règle dans la notion de génie. Au reste, comme nous l'avons déjà observé, l'appel au *jugement*, dans sa philosophie – et en particulier dans la *Critique de la faculté de juger* – permet de rendre à César ce qui appartient à César, c'est-à-dire de ne pas dissocier nos opérations cognitives – fussent-elles celles qui opèrent dans le « jugement de goût », des engagements qu'elles impliquent, et par conséquent de la dimension pragmatique et normative qui leur donne tout leur sens.

Aucun art ne leur est soustrait, si du moins il n'y a d'art que dans un contexte public, c'est-à-dire normatif. Le concept d'une œuvre d'art, au sens que notre tradition lui a donné, renferme bien plus que la simple notion d'un objet qui serait porteur de tous les caractères définissant à nos yeux une œuvre ; la possibilité d'un jugement, donc d'une évaluation qui ne peut être privée sans être du même coup privé de son sens – c'est le prix à payer au caractère public des règles – appartient au concept d'art ou, si l'on veut à sa grammaire. Les mirages d'une ontologie mal comprise peuvent certes nous en dissuader, mais ils ne font alors que reproduire négativement le type d'illusion que véhicule le « régulisme », l'assimilation des règles aux caractères qu'elles doivent à leur explicitation.

L'innovation, la « créativité », comme on dit aujourd'hui, ne sont pas le privilège d'individus monadiques qui introduiraient par irruption dans le champ social – comment la compréhension et l'adhésion pourraient elles sans cela en être assurées ? – une expression de leur idiosyncrasie. Elles sont immanentes à l'*agir* en tant qu'agir *social*. Hans Joas, en s'inspirant du pragmatisme de Dewey et en restaurant l'importance des interactions dans sa philosophie de l'action et dans le champ des sciences sociales, a contribué à renverser les termes dans lesquelles cette question n'a été que trop souvent posée[1]. Une saine conception des règles, loin d'exclure les innovations qui font partie des pratiques humaines, devrait également y contribuer. De ce point de vue, la résolution wittgensteinienne de la question des règles dans la pratique, de même que l'analyse des normes proposée par Brandom constituent probablement un pas appréciable.

---

1. Voir H. Joas, *La créativité de l'agir*, Paris, Le Cerf, 1999, ainsi que *Pragmatism and Social Theory*, Chicago, The University of Chicago Press, 1993. Pour un commentaire, sous l'angle également adopté ici, voir *Qu'est-ce que le pragmatisme ?*, *op. cit.*, chap. VII et VIII.

TABLE DES MATIÈRES

ACHEVÉ D'IMPRIMER
EN   JUIN   2011
PAR L'IMPRIMERIE
DE LA MANUTENTION
A MAYENNE
FRANCE
N° 676092D

Dépôt légal : 2ᵉ trimestre 2011